핵심읽기 최소원칙

Copyright ⓒ 2019 published by SuperGraphic Company
All rights reserved. No part of this book may be reproduced, stored in a retrieval system, or transmitted in any form or by any means, electronic, mechanical, photocopying, recording, or otherwise, without prior permission in writing from the publisher.

저작권자 ⓒ 정경수
이 책의 저작권은 저자에게 있으며 출판권은 큰그림(슈퍼그래픽)에게 있습니다.
이 책은 저자와 큰그림(슈퍼그래픽) 사이의 저작권 계약에 의해 출판되었습니다.
서면에 의한 저자와 출판사의 허락 없이 내용의 일부를 인용하거나 발췌하는 것을 금합니다.
이 책에 사용된 사이트와 프로그램, 로고는 해당 회사가 상표나 저작권을 가지고 있습니다.

핵심읽기 최소원칙

초판 1쇄 인쇄	2019년 10월 5일
초판 1쇄 발행	2019년 10월 7일
지은이	정경수
펴낸곳	큰그림(슈퍼그래픽)
펴낸이	윤정
책임편집	정도환
디자인	디자인 화
그래픽	데코앤데코
등록번호	제2-5081호
등록일자	2009년 2월 23일
ISBN	979-11-87201-27-4 03020
주소	서울시 중구 필동2가 93번지 2층
전화	02-2264-6422
팩스	0505-116-6422
이메일	sgpress@hanmail.net

잘못 만들어진 책은 구입하신 곳에서 바꾸어 드립니다.
값은 뒤표지에 있습니다.
'큰그림'은 슈퍼그래픽 SuperGraphic의 출판 브랜드입니다.

이 도서의 국립중앙도서관 출판예정도서목록(CIP)은 서지정보유통지원시스템 홈페이지(http://seoji.nl.go.kr)와 국가자료종합목록 구축시스템(http://kolis-net.nl.go.kr)에서 이용하실 수 있습니다.
(CIP제어번호 : CIP2019035127)

핵심을 읽고 이해하고
기억하는 현실적인 방법

핵심읽기 최소원칙

정경수 지음

큰그림
SUPER GRAPHIC COMPANY

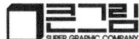

머리말

이해하고 기억하고 실천하는 읽기가 '핵심 읽기'다

학습에 필요한 능력 가운데 가장 기본은 '읽기'다. 배우려면 읽어야 한다. 읽은 다음에 이해하고 기억한 것을 거듭 실천해서 정보를 지식으로, 지식을 지혜로 만들며 앞으로 나아간다.

학생은 공부하기 위해서 읽고 직장인은 일하기 위해서 읽는다. 남녀노소 모두 더 나은 삶을 위해서 생활 정보, 건강 정보, 교육 정보, 각종 정보를 읽는다.

국민 독서실태 조사에서는 독서량, 즉 읽은 책의 수로 '읽기'를 평가한다. 과거에는 정보, 지식을 유통하는 경로가 책, 신문, 잡지 등 활자매체였다. 그래서 책을 몇 권 읽었는가가 중요했다.

지금은 정보, 지식을 전달하는 매체가 다양하다. 매체 특성에 맞춰서 콘텐츠도 기하급수적으로 늘고 있다. 독서는 여전히 중요하지만, 읽은 책의 숫자는 지식과 문화 수준을 판단하는 것은 시대에 맞지 않는다.

읽기의 결과는 실천과 활용으로 나타난다. 읽은 책의 수와 상관없이 어떤 콘텐츠에서든지 자기에게 필요한 내용 즉, 핵심을 찾아내서 성과를 만드는 것이 중요하다. 시험을 준비하는 학생·수험생,

지속해서 새로운 지식을 습득해야 하는 직장인과 사업가는 글과 문서, 콘텐츠에서 핵심을 읽어야 한다.

책, 참고서, 보고서, 자료를 읽고 나서 기억하지 못하는 사람이 많다. 읽었는데 기억하지 못하는 이유는 내용을 이해하지 못했고, 핵심을 읽지도 못했기 때문이다. 읽기는 글자를 읽는 것으로 끝나지 않는다. '핵심 읽기'는 글을 읽고 기억에 남겨서 결과를 만드는 것이다. 책, 기사, 문서 등 글로 이루어진 콘텐츠 외에도 그림, 표, 동영상에서도 핵심을 찾아야 한다. 책에서 핵심을 찾아서 읽어야 하는 이유는 그 많은 책을 다 읽을 수 없기 때문이다. 책을 산 독자가 실제로 책을 읽었는지 따져보는 수치인 '호킹 지수'와 "모든 글의 90퍼센트는 쓰레기예요."라고 말한 소설가 '스터전의 법칙'으로도 핵심만 읽어야 하는 이유를 알 수 있다. 핵심은 10퍼센트뿐이다. 그래서 '핵심'이다.

무엇을 읽든지 가장 중심이 되는 부분, 즉 핵심을 찾아서 읽어야 한다. 이 책에 '읽기'를 중심으로 핵심을 찾는 방법, 이해하고 오래 기억하는 방법, 읽고 실천하는 방법을 담았다.

정경수

차례

머리말   4

1 읽기 능력 키우기   13

메시지를 이해하고 분석하는 의사소통 능력   15
기계적인 읽기와 이해하며 읽기   20
문맥을 읽어야 정확한 의미를 이해한다   24
맥락을 읽는 방법   27
의미 단위 읽기   34
읽었는데 왜 기억나지 않을까?   40
읽는 목적을 생각한다   45

2 핵심을 찾는 읽기 방법   49

소리 내서 읽고 키워드에 밑줄을 긋는다   51
읽은 후에 서평과 독후감을 쓴다   56
핵심은 어디에 있나?   60
생각한 후에 읽고, 읽으면서 생각하고, 읽고 나서 생각하기   63
문장에도 해상도가 있다   67
빨리 많이 읽기   73
빨리 읽으면서 완전히 이해하기   77
이해력을 높이는 읽기   82
지식의 양과 질을 비약적으로 향상시키는 읽기 방법   86

3 핵심 찾기 — 89

필요한 내용만 골라서 읽어야 하는 이유	91
빨리 많이 읽기보다 핵심 읽기를 실천한다	97
어려운 책은 쉽게 쓴 책으로 읽는다	100
그 많은 책을 다 읽을 수는 없다	104
시카고대학 고전 100권 읽기	110
하버드 클래식과 사례 연구법	115
끝까지 읽어야 한다 vs 필요한 부분만 읽어도 된다	119
생각하는 능력을 키우는 효과적인 방법	123

4 소통하는 능력 키우기 — 127

정보 읽기 능력 테스트	129
문서를 이해하는 능력	132
글과 말에서 핵심을 파악하는 능력	136

경청 능력, 듣고 핵심을 파악하는 능력 140

기초 외국어 능력 144

핵심을 읽어야 핵심을 쓸 수 있다 148

읽기 능력이 소통 능력이다 152

5 핵심 읽기와 쓰기로 생각을 정리한다 157

생각을 자극하는 읽기 방법 159

글을 읽고 재구성하는 능력 164

반증하며 읽기 170

논리적인 글이 모두 옳은 건 아니다 175

읽은 후에 무엇을 어떻게 하는지가 중요하다 180

배경지식과 연결하기 184

정보를 지식으로 만드는 읽기 방법 188

종이에 쓰면서 생각을 정리한다 192

6 형식을 이용하면 핵심을 찾기 쉽다　　　197

읽는 사람의 프레임　　　199
끝까지 정독하지 않아도 된다　　　205
읽은 책의 숫자는 중요하지 않다　　　210
동영상에서 핵심 읽기　　　214

7 콘텐츠 읽기　　　219

웹 콘텐츠 담아두고 읽기　　　221
연관된 콘텐츠 모아서 읽고 보고 듣기　　　225
화면으로 읽으면서 집중력을 유지하는 방법　　　229
필요한 부분만 몰입해서 읽는다　　　234
스키밍으로 핵심만 읽는다　　　239
목표가 명확해야 핵심이 보인다　　　243
전체 내용을 이해하지 않아도 괜찮다　　　247

8 읽어서 배운 지식을 실천하기 251

지식의 기능과 독서의 함정 253
한 번만 읽고 완전히 이해하는 비법은 없다 258
핵심 읽기는 실천으로 완성된다 263

맺음말 268
참고문헌 270

일러두기

- 도서명은 《 》, 영화, 예술작품, 방송 프로그램, 간행물, 논문 제목은 〈 〉로 표시했다.
- 참고문헌에서 원문 그대로 인용한 글은 본문에서 ' '와 " "로 표시했다.
- 주석은 단락 끝에 숫자로 표시했고, 참고문헌에 저자, 도서명·기사 또는 글 제목, 출판사·매체, 발행연도, 참고한 페이지 번호를 표시했다.
- 참고도서에서 서술한 내용을 맥락상 이해를 돕기 위해 부연설명하거나 표, 그래프, 도식으로 재구성했다.

1

읽기 능력 키우기

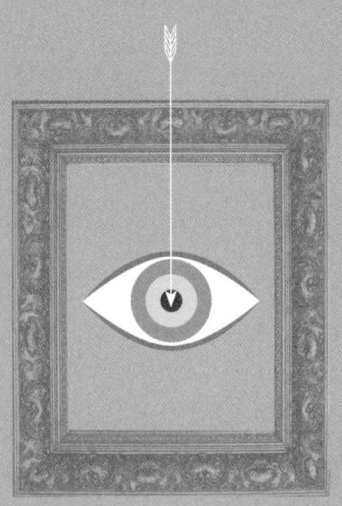

이해력과 문해력

읽기는 문자가 만들어진 이후부터 지금까지 전 세계인이 실천하는 학습법이다. 과거에는 책 읽기가 지식을 얻는 거의 유일한 방법이었다. 지식과 정보가 책으로만 유통되던 시대에는 글을 많이 읽은 사람이 지식이 많은 사람으로 통했다. 지금은 책을 읽지 않아도 지식과 정보를 얻을 수 있다. 책외에도 지식을 얻는 경로가 다양하다. 인터넷, 동영상, TV 등의 시각 매체 외에도 체험하며 감각 기관을 통해서 지식을 얻는다. 교육 현장에서도 선생님이 가르치고 학생이 배우는 게 아니라 직접 글을 쓰고, 작품을 만드는 형태로 학습 방식이 바뀌고 있다.

역사 수업은 교구로 제작된 첨성대, 석가탑, 측우기 등의 모형을 만들면서 그것이 만들어진 시대를 배운다. 이것을 문화콘텐츠 교육이라고 한다.

'백문이 불여일견'이라는 말처럼 직접 체험하면 훨씬 더 깊게 이해하고 기억에 오래 남는다. 그렇다고 모든 지식을 체험으로 배울 수는 없다. 시각 이미지·영상을 통해서 지식을 얻는 방법이 보편화 되었다. 글을 읽고 이해하는 능력 외에 이미지와 동영상을 보고 핵심을 파악하는 능력도 필요하다.

책 외에 미디어를 통해서 지식·정보를 얻는 사회에서는 글을 읽고 이해하는 능력을 넘어, 듣고 읽고 쓰고 말하는 소통에 필요한 문해력literacy을 갖춰야 한다. 미국과 영국, 유럽 여러 나라에서는 이미 50여 년 전에 문해력 즉, 비주얼 리터러시Visual literacy의 개념을 만들었다. 1970년대 초에는 텔레비전 리터러시Television literacy, 1970년 후반부터 컴퓨터 리터러시Computer literacy를 교육 현장에 도입해서 능력 계발에 활용하고 있다.[1]

읽고 이해하는 능력은 기본이고 다양한 매체의 콘텐츠에서 핵심을 파악하는 능력, 즉 리터러시를 갖춰야 한다. 1992년 미국의 미디어 리터러시 지도자 협의회에서 학자들은 리터러시를 다음과 같이 정의했다.

"리터러시는 다양한 형태의 메시지에 접근하고 메시지를 분석하고 평가하고 의사소통할 수 있는 능력이다. 미디어 문해력이 있는 사람은 인쇄 매체와 방송 매체를 해석하고 평가하고, 분석하고 생산할 수 있다."[2]

문해력은 글을 읽고 이해하는 능력이다. 요즘은 문해력의 범위가 글뿐만 아니라 인포그래픽, 영상, 청각 자료를 이해하는 개념으로 확장되었다. 글자는 읽을 수 있지만 내용을 이해하지 못하는 것은 '실질적 문맹'에 해당한다. 글을 읽을 줄 알지만 문자를 이해하지 못하는 실질적 문맹은 먼 나라 이야기가 아니다. 우리나라 농촌에서도 글을 이해하지 못해서 종종 큰 사고가 일어난다. 한국농촌경제연구원에서 펴낸 〈농촌 노인의 문해력 제고 방안〉에는 일회용 샴푸를 위장약으로 알고 먹은 이야기와 비료인줄 알고 뿌린 것이 제초제여서 농사를 망친 일화가 문해력이 떨어져서 발생한 사례로 나온다. 글을 읽고 이해하지 못하는 것은 농촌 노인만의 문제가 아니다.

2013년에 OECD[경제협력개발기구]에서 발표한 국제성인역량조사[PIAAC]에 따르면 한국인의 문해력은 청년층[16~24세]에서 OECD 24개 참가국 중 4위이지만, 55~65세와 45~54세는 뒤에서 세 번째, 네 번째를 차지했다. OECD의 국제성인역량조사에서 정의하는 리터러시는 산문 문해력, 문서 문해력, 수리 능력, 컴퓨터 활용 능력, 문제 해결 능력 및 분석적 판단력, 협동심, 커뮤니케이션 능력을 포괄한다. 지식이 많은 사람만 글을 읽고 이해할 수 있는 게 아니다. 보고 듣고 생각하는 훈련을 하면 문맥과 전후 상황으로 내용을 이해할 수 있다.

OECD의 조사 결과에서 한국인이 문장을 읽고 이해하는 수준은 평균 이하였지만, 남의 일처럼 들린다. 글을 읽고 이해하지 못하면서 지식의 부족함만 탓한다. 2018학년도 수학능력시험 국어 영역에서 수험생을 혼란에 빠트린 문제가 있었다.

지문에 '오버슈팅overshooting' 이론이 나왔다. 오버슈팅은 경제에 충격이 가해지면 단기적으로 장기평균 수준보다 크게 요동치지만 시간이 지나면 점차 평균 수준으로 수렴하면서 균형을 찾는 현상이다.

수험생을 자녀로 둔 한국은행 직원이 문제를 풀어본 결과, 지문이 길고 거시경제 전반에 대한 이해가 있어야 하고 종합적 사고 능력이 없으면 정답을 찾기 어렵다고 했다. 언론사에서 공식적으로 한국은행 직원들에게 문제를 풀어보게 했다. 한 직원은 10분 넘게 문제를 풀고 여섯 문항 가운데 두 개를 틀렸다. 일반인이 이해하기 어려운 개념을 수능 문제로 출제했다는 질타가 이어졌다. 출제자의 평가 의도는 오버슈팅을 알았느냐가 아니라 글을 읽고 내용을 파악하는 능력을 갖고 있는지 알아보는 것이었다.[3]

지식을 쌓으려면 책을 읽으라고 말한다. 책을 읽고 이해하는 능력이 부족하면 책을 아무리 많이 읽어도 지식을 쌓을 수 없다. 읽는 방법을 배운 다음 본격적으로 책을 읽으면서 지식을 습득해야 하는 것은 아니다. 문해력은 사고 문해력Creative literacy과 지식 문해력Knowledge literacy으로 구분한다. 사고 문해력은 기존 지식에 얽매이지 않고 발상을 전환하는 창조적인 능력이다. 지식 문해력은 특정 분야의 지식을 습득하는 데 필요한 배경지식을 말한다. 문해력을 키우려면 발상을 전환하는 능력과 배경지식을 동시에 키워야 한다.

《패턴 인식 독서법》에서 읽기를 정신적 운동에 비유하면서 이해력을 키우려면 어려운 책을 읽으라고 했다. 입에 쓴 약이 몸에 좋은 것처럼 어려운 책을 읽어야 이해하는 힘이 생긴다. 이해하기 쉽게 풀어쓴 글만 읽으면 생각하는 근육이 발달하지 않는다. 1킬로미터도 뛰지 못하던 사람이 운동량을 늘리면서 달리기를 계속하면 마라톤을 완주할 정도로 체력이 향상된다.

한 번만 읽고 이해하는 책이 있고 수십 페이지를 읽었는데 무슨 내용인지 이해할 수 없는 책이 있다. 이해하지 못하는 채로 계속 읽기는 어렵다. 달리기를 시작한지 얼마 안 돼서 숨이 차면 더 뛸 수 없을 것 같은 기분이 든다. 이 순간을 참고 계속 뛰면 다시 활력이 솟아난다. 책을 읽다가 이해하지 못하는 부분이 나와도 계속 읽다보면 글쓴이의 의도가 어렴풋이 드러난다. 그러면서 조금씩 내용을 이해한다.

머리를 식힐 때는 쉬운 책을 볼 수도 있다. 마라톤 선수도 매일 죽기 살기로 뛰지 않는다. 때로는 천천히 걷는다. 글을 읽고 이해하는 힘을 키우려면, 힘이 드는 운동을 해서 근육을 단련하듯이 깊이 생각하는 힘을 키워주는 책과 글을 읽어야 한다.

기계적인 읽기와 이해하며 읽기

책을 읽은 숫자로 독서량을 파악한다. 독서량은 말 그대로 읽은 책의 수다. 국민 독서실태 조사결과가 발표될 때마다 책을 읽지 않는다는 사실을 실감한다. 표준 독서지표를 만들어서 독서 진흥을 위한 조사라는 취지에 무색하게 독서량은 해마다 감소한다. 2017년 자료에 따르면, 한 해 동안 1인당 독서량^{전자책 포함}은 성인이 9.4권, 학생이 34.3권으로 조사되었다. 2015년 자료와 비교하면 성인은 0.8권, 학생은 1.2권 감소했다. 조사 결과를 보면, 우리나라 성인은 한 달에 한 권도 책을 읽지 않는다. 그에 비하면 학생은 한 달에 적어도 두 권 이상 읽는다. 초·중·고교로 구분하면 연간 독서량은 초등학생이 75.7권, 중학생이 23.9권, 고등학생은 12.5권이다. 고등학생이 한 달에 한 권 정도 책을 읽는 이유는 생활기록부 독서 활동 기록의 영향이라고 볼 수 있다.

해가 갈수록 독서량이 줄어드는 이유는 모두가 알고 있다. 책 외에 다른 볼거리가 많기 때문이다. 과거에는 책을 읽어야 지식을 얻을 수 있었지만 지금은 인터넷과 동영상, TV 교양 프로그램, 뉴스 등 지식을 얻는 경로가 다양해졌다. 여러 가지 경로로 콘텐츠를 보고 들으며 배운다. 책을 읽지 않아도 지식을 얻을 수 있는 환경이다. 책을 읽으면 체계적이고 깊이 있는 지식을 얻는 반면, 인터넷에서 읽는 글과 짧은 동영상은 핵심만 전달하기 때문에 단편적인 정보만 얻는다는 주장도 있다.

니컬라스 카는 《생각하지 않는 사람들》에서 짧은 글들이 연결된 하이퍼텍스트는 조각처럼 파편화되어 있어서 하나의 글에 침잠하지 못하고 짧은 글을 점프하듯 옮겨 다닌다고 했다. 그는 얄팍한 읽기 습관을 구글이 만들었다고 주장하면서 "구글이 우리를 바보로 만든다"라고 단언했다. 파편화된 글을 읽으면 우리 뇌 구조 자체가 바뀐다고 경고했다.

미디어 전문가 마샬 맥루한은 미디어 기술이 사용자에게 무의식적인 영향을 미친다는 기술결정론을 주장했다. 책에서 정보를 얻었던 과거와 인터넷에서 정보를 찾는 현재와 미래에 글을 읽는 행동 패턴은 빠른 속도로 바뀌고 있다. 디지털 시대에 새로운 형태의 읽기를 거스를 수는 없다. 전통적인 책 읽기는 눈으로 읽거나 소리 내서 읽는 묵독 또는 음독이었다. 디지털 환경이 바꿔놓은 읽는 방식은 크게 세 가지다.

첫째, 다중 읽기multiple reading다. 다중 읽기는 여러 텍스트를 넘나드는 읽기다. 인터넷에서 검색결과를 볼 때는 여러 가지 콘텐츠를 클릭해서 두세 개 이상의 검색결과를 한꺼번에 읽는다. 종이책을 읽을 때는 첫 페이지부터 차례대로 읽지만 인터넷에서는 그러지 않는다. 여러 개의 창을 띄운 상태에서 일시적으로 주의를 기울여서 필요한 정보만 읽는다. 여러 콘텐츠를 한꺼번에 읽기 때문에 겉핥기식으로 읽는다는 비판을 받는다. 하지만 책을 읽고 학습한 지식과 검색결과를 클릭하면서 얻은 정보는 선형적으로 몰입한 읽기와 비선형적으로, 일시적으로 주의를 기울인 읽기라는 차이만 있을 뿐 지식과 정보의 질은 같다.

둘째, 소셜 읽기다. 소셜 읽기social reading는 독서토론과 비슷한 효과가 있다. 글을 읽기 전과 후, 읽으면서 다른 사람의 의견과 배경지식을 얻는다. 아마존 킨들의 파퓰러 하이라이트Popular Highlights 기능은 다른 사람들이 밑줄 친 부분을 보여준다. 같은 곳에 몇 명이 밑줄을 그었는지도 알려준다. 도서관에서 빌린 책이나 헌책을 읽다가 다른 사람이 밑줄 친 내용에 주목하면서 공감하는 것과 비슷하다.

셋째, 증강 읽기augmented reading다. 텍스트 위에 참고 또는 추가로 알아야 하는 내용이 덧붙어 있다. 책을 읽다가 개념 설명이 필요한 부분에 포스트잇에 적어서 해당 페이지에 붙이는 것과 비슷하다. 인터넷에서 개념 설명이 필요한 텍스트에 링크를 연결하거나 마우스를 올리면 주석이 보이는 것이 증강 읽기다.[4]

과거에 책을 읽던 방식이 제대로 된 읽기이고 지금의 읽기는 기계적인, 피상적인 읽기라는 주장은 일부 납득이 가는 면도 있지만 읽기 환경이 변화하는 속도를 감안하면 얼마 못가서 낡은 주장이 될 것이다. 글을 효과적으로 읽는 과정은 다섯 단계로 구분된다.

글을 효과적으로 읽는 다섯 단계

단계	내용
투입(Input)	훑어보기. 글의 전체 내용을 한꺼번에 파악한다.
처리(Processing)	정독 또는 통독, 발췌독. '필요한 내용'만 집중해서 읽는다.
부호화(Coding)	읽은 내용을 자신의 지식과 경험에 대입해서 기억한다.
계획(Planning)	새로운 지식을 활용하는 방법을 생각한다.
산출(Output)	읽은 내용을 실제로 활용한다.

다섯 단계를 거치면 비로소 '읽기'가 완성된다. 읽기의 효과는 실천과 활용으로 나타난다. 읽은 책의 수와 상관없이 어떤 콘텐츠에서든지 필요한 내용, 핵심을 찾아내서 성과를 만들면 된다. 시험을 준비하는 학생, 새로운 지식을 습득해야 하는 직장인과 사업가는 처음 보는 문서, 콘텐츠에서 핵심을 파악하고 맥락을 이해하는 읽기 기술을 배우고 익혀야 한다. 책, 신문, 문서, 동영상, 다양한 유형의 자료에서 필요한 정보를 빨리 찾아내서 이해하며 읽는 것이 핵심을 읽는 기술이다.

문맥을 읽어야
정확한 의미를 이해한다

글^{문장}을 읽고 이해하는 것을 '문해'라고 한다. 읽기와 지식 사이에 '이해'가 있다. 이해는 세 종류로 구분한다. 첫 번째 이해는 잡다한 내용을 명료하게 정리하고 분류하는 것이다. 고대 그리스 시대 학문의 기초는 분류와 분석이었다. 두 번째 이해는 논리적인 이해다. 시간의 흐름, 순서, 인과관계 등의 일관된 흐름을 찾아내서 이해하는 것이다. 일관된 흐름을 '체계'라고 한다. 체계적으로 설명한 글을 읽으면 쉽게 이해할 수 있다. 그 이유는 우리 머리가 논리에 따라 이해하기 때문이다. 세 번째 이해는 지식을 내가 아는 것으로 바꿔서 받아들이는 것이다. 새로운 지식을 받아들일 때 자기 경험에 빗대서 생각할 때가 많다. 다른 사람을 가르칠 때도 마찬가지다. 그 사람이 경험한 것, 즉 눈높이에 맞춰서 설명하면 배우는 사람이 이해하기 쉽다.

책을 좋아하고 소설, 에세이, 산문 등의 문학작품을 즐겨 읽는데 보고서, 연구자료 등의 글은 읽고 이해하지 못하는 사람이 있다. 이들은 줄거리가 있는 글은 재미를 느끼고 쉽게 이해하는데 다른 분야의 글은 그렇지 않아서 읽기 어렵다고 하소연한다. 문학을 공부하는 사람은 예외로 하고, 소설을 좋아하는 사람은 대부분 즐기기 위해서 읽는다. 내용을 기억하기 위해서 읽지 않는다. 유희를 위한 읽기와 학습을 위한 읽기는 다르다. 소설은 막힘없이 잘 읽는 사람이 학습 또는 연구 목적으로 쓴 글을 읽을 때는 좀처럼 집중하지 못하는 경우가 있다. 소설은 잘 읽으면서 보고서에는 집중하지 못하는 사람을 '문서 난독증'에 걸렸다고 말한다. 이유는 글을 읽고 이해하는 절차가 다르기 때문이다.

소설을 읽으면서 줄거리를 파악하는 것과 내용을 이해하고 핵심을 정리하는 것은 전혀 다르다. 보고서, 제안서처럼 단락마다 흐름이 끊기는 문서와 연구 자료는 아무리 읽어도 내용을 이해할 수 없을 때가 많다. 전후 상황을 모르면 더 이해하기 어렵다. 목적을 가지고 읽는 문서는 단락이 끝나면 내용을 요약하고 이해하지 못한 부분을 점검하면서 무엇을 이해했는지, 무엇을 모르는지 확인해야 한다. 소설은 그럴 필요가 없다. 주의를 기울여서 핵심을 파악할 필요가 없다. 소설 속 주인공이 질문하더라도 답하지 않아도 된다. 이해하지 못했거나 일부 내용을 몰라도 상관없다. 계속 읽으면 된다.

일본 언어학자 도야마 시게히코는 알파 읽기와 베타 읽기로 구분했다. 지식이 있는 상태에서 읽기가 알파 읽기다. 내용과 의미를 모르는 상태에서 읽기가 베타읽기다. 알파 읽기의 예는 어제 본 야구 경기의 기사를 오늘 읽는 것이다. 경기 내용을 알고 있어서 기사를 편하게 읽을 수 있다. 베타 읽기는 5~6세 어린이에게 외국어를 가르치는 것이다. 지식이 없는 상태에서는 의미를 모른다. 알파벳을 배워서 읽을 수는 있지만 의미는 이해하지 못하는 상태의 읽기다. 의미를 모르는 아이에게 외국어를 가르치는 것은 수영을 못하는 아이를 바다에 던진 것과 같다.[5]

알파 읽기가 기본 수준의 읽기라면 베타 읽기는 모르는 것을 배우기 위한 읽기다. 여기서 알파와 베타는 별다른 뜻이 없다. 두 종류의 읽기를 구분하기 위해서 이렇게 표현했을 뿐이다. 읽는 목적이 새로운 지식의 추구라면 베타 읽기를 지향해야 한다. 학습을 위한 읽기의 목적은 글을 읽고 그 의미를 이해하는 것이다. 눈에 보이는 글자만 읽고 어렴풋이 이해한다면 글을 읽었다고 할 수 없다. 어떤 글이든지 올바르게 이해하려면 자기 경험과 지식에 비추어서 해석하고 자기 생각을 보태야 한다. 글쓴이의 의도와 읽은 사람의 해석이 완전히 같을 수는 없다. 글을 읽고 모두 이해했다는 생각은 착각이다. 100퍼센트 이해했다고 느끼는 것은 글쓴이의 의도를 70~80퍼센트 이해하고 나머지는 자기 생각으로 채운 상태다. 보고서, 제안서, 전문서적을 70~80퍼센트 정도로 이해하면 베타 읽기에 성공했다고 할 수 있다.

맥락을 읽는 방법

로봇이 사람을 대신해서 기사를 쓰는 시대다. 주제를 입력하면 관련된 사건 기록과 그 일이 일어난 배경과 결과, 통계, 사후에 일어난 일까지 조사해서 내용을 작성한다. 인터넷으로 보는 스포츠 기사는 로봇 기자가 쓴 글이 상당히 많다.

속보와 편집 기사 작성에 로봇 기자를 활용한 지 벌써 수 년이 지났다. 2014년 3월 LA에 2.7 규모 지진이 발생했을 때 지진 속보를 가장 빨리 알린 매체는 〈LA타임스〉다. 지진이 발생했다는 정보가 지질조사국으로 전송된 지 10분도 지나지 않아서 진원지와 진도 등의 정보를 담은 기사를 내보냈다. 이 기사는 퀘이크봇^{Quakebot}이라는 로봇 알고리즘이 작성했다. 퀘이크봇은 지진이 발생한 위치, 시간, 현황 정보를 미리 만들어둔 문장 구조에 따라 배치하고 지진이 발생한 지역의 지도를 첨부해서 온라인으로 기사를 내보낸다.

영국 〈가디언〉에서 발행한 무료 종이 신문 〈더 롱 굿 리드〉는 로봇이 기사를 쓰고 편집한다. 로봇이 쓴 기사에 헤드라인과 사진을 배치해서 신문을 만든다. 〈더 롱 굿 리드〉에는 〈가디언〉에 실린 기사 가운데 댓글, 리트윗, 좋아요 등을 기준으로 로봇이 기사를 선정하고 편집한다.

AP통신사에서 수익 보고서 관련 기사를 작성하는 '워드 스미스'는 1초의 9.5개의 기사를 작성한다. 알고리즘에 따라 기업의 수익 보고서에 기초해서 기사를 쓴다고 해도 굉장한 속도다. 워드 스미스는 정보를 취합해서 보고서를 만드는 기능 외에 데이터 분석 기능도 갖추고 있다. 작성한 기사를 사람들이 얼마나 관심을 가질지에 대해서도 예측한다.

기사를 쓰는 속도, 분석하는 정보량 등을 기준으로 보면 인간 기자는 로봇을 따라 갈 수 없다. 감성과 저널리즘은 인간만의 고유 영역이라고 말하는 사람이 많다. 그래서 로봇 기자가 쓴 기사와 인간 기자가 쓴 기사를 전문가들이 비교했다.

한국언론진흥재단에서 일반인과 기자를 대상으로 온라인 조사를 실시한 결과, 기사를 쓴 주체를 묻는 질문에서 정답률은 일반인 46.1퍼센트, 기자 52.7퍼센트로 나타났다. 로봇이 쓴 기사를 인간이 쓴 기사와 구별할 수 없었고 로봇이 쓴 기사를 로봇이 썼다고 하면 평가가 좋아진 반면, 기자가 썼다고 하면 평가가 나빠졌다.

로봇이 기사를 썼다는 사실을 알고 기사를 평가한 결과는 더 놀랍다. 일반인은 로봇이 쓴 기사에 다섯 개 평가 항목 가운데 세 개 항목을 높게 평가했다. 높은 평가를 받은 항목은 신뢰성, 명확성, 특이성이었고 기자가 쓴 기사가 로봇 기사보다 높은 평가를 받은 항목은 정보성, 전문성이었다. 기자들이 평가한 결과는 신뢰성을 뺀 나머지 항목에서 로봇이 쓴 기사에 더 높은 점수를 줬다.[6]

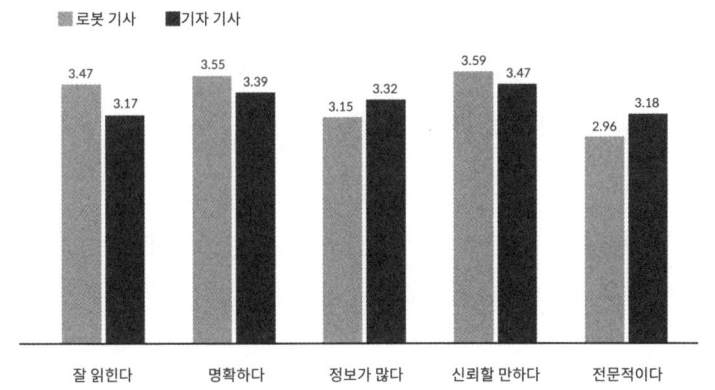

로봇 기자와 인간 기자가 쓴 기사 평가

기자가 쓴 기사보다 로봇이 쓴 기사를 높게 평가한 이유는 편견이 없다고 생각하기 때문이다. 기사가 비판과 감시 기능을 하는 측면에서는 우려의 목소리도 있지만, 알고리즘을 구성하는 방식, 즉 설정에 따라 로봇도 편견이 들어있는 기사, 사회를 비판하는 기사를 쓸 수 있다.

읽는 사람의 관점에서 로봇 기사에 더 높은 점수를 준 데는 여러 가지 이유가 있다. 로봇 기사가 더 높은 점수를 받은 원인은 기사의 맥락에서 차이가 나기 때문이다. 인간 기자의 글쓰기는 훈련을 통해서 완성된다. 다른 사람이 쓴 기사와 글, 책을 읽으면서 나름의 글쓰기 방법을 습득한다. 로봇 기자도 글쓰기 훈련을 한다. 로봇 기자도 바로 기사를 쓰지는 못한다. 로봇 기자는 머신러닝을 통해서 기사 쓰는 방법을 익힌다. 머신러닝은 이세돌 9단과 대국을 치른 알파고로 인해서 널리 알려졌다. 기본 데이터에 기초해서 시행착오를 거치며 새로운 방법을 깨닫는 학습법이다.

알파고는 머신러닝의 한 종류인 딥러닝을 통해서 '프로 기사'의 대국 내용에 기초해서 훈련하고 수천만 번의 바둑을 두면서 학습했다. 로봇 기자의 글쓰기 훈련도 비슷하다. 알파고가 프로 기사들의 대국 내용을 기초로 훈련한 것처럼 로봇 기자는 유명한 작가가 잘 쓴 글, 요점이 확실한 기사, 논리적인 기사를 바탕으로 글쓰기를 배운다. 잘 쓴 글, 요점과 논리가 확실한 기사로 학습한 로봇 기자의 글은 단락 사이의 관계와 흐름, 즉 맥락이 확실하다. 인간 기자도 글의 시작과 끝이 논리적으로 연결되도록 쓰지만 로봇 기자만큼 수많은 자료를 검색할 수 없고 자신이 알고 있는 지식과 수집한 정보에 기초해서 쓰기 때문에 한계가 있다.

글을 읽을 때는 맥락을 알아야 쉽게 이해하고 오랫동안 기억에 남는다. 대학입시를 준비하는 고등학생 중에는 국어를 암기과목이라고 생각하는 학생이 적지 않다. 맥락을 이해하려고 하지 않고 단지 문제를 풀기 위해서 지문 분석에만 집중하기 때문이다. 교사와 학생, 전문가, 사교육 관계자와 심층 인터뷰한 동아일보 기사에서 모국어를 '모르는 국어'라고 표현했다. 맥락을 파악하지 않는 읽기는 10분으로 압축한 영화를 보고 작품성을 논하는 것과 같다. 빨리 읽든 천천히 읽든, 읽는 속도와 관계없이 맥락을 파악하는 게 중요하다.

　맥락을 파악하는 효과적인 방법으로 '의미 지도 그리기'가 있다. 개념과 개념 사이의 관계를 키워드를 중심으로 화살표 또는 선으로 연결해서 도표로 그린다. 키워드를 선으로 연결하면 여러 가지 개념 사이의 관계를 파악하기 쉽다.

　글을 읽으면서 기억에 남기는 방법은 세 가지다. 비슷한 내용끼리 묶기^{Chunking}, 이미지를 이용해서 연결하기^{indexing}, 연상하기^{elaboration}. 의미 지도 그리기는 이미지를 이용해서 연결하기에 해당한다. 여기서 이미지는 직접 종이에 그리는 이미지와 머릿속으로 그리는 이미지를 뜻한다.

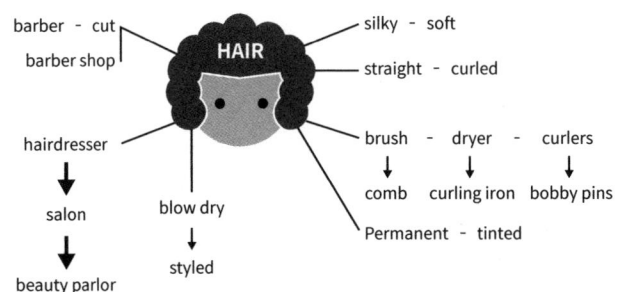

의미 지도 만들기

제1장 읽기 능력 키우기　31

의미 지도 그리기는 새로운 정보를 기억하는 동시에 이해를 돕는다. 연관된 단어를 이용해서 '머리카락Hair'에 관한 의미 지도 그리기를 보면 어떤 내용인지 쉽게 이해할 수 있다.'

머리카락과 관련된 키워드를 연결해서 키워드 사이의 관계를 분명하게 파악하도록 도와준다. 의미지도는 글, 그림, 도표, 인터넷 강의를 들을 때 모두 적용할 수 있다. 이런 식으로 키워드를 시각적으로 분류하고 묶어서 의미 지도를 그리면 개념을 파악하고 동시에 맥락을 이해하기 때문에 읽은 내용을 장기 기억에 저장할 수 있다. 또 한 단어를 떠올리면 연쇄적으로 머리에 떠올라서 더 오래 기억에 남는다.

독일의 철학자 발터 벤야민은 하나의 주제에 대해서 머릿속에 파편적인 기억을 메모지에 옮겼다.

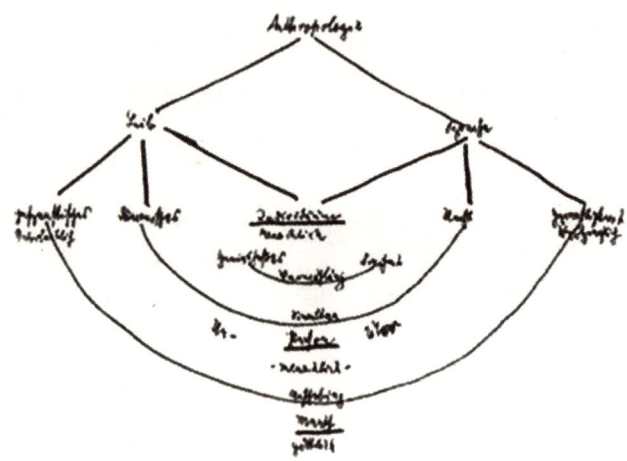

발터 벤야민이 키워드를 연결해서 정리한 메모

몇 개의 단어와 짧은 구절을 선으로 연결하거나 특정한 위치에 배치했다. 키워드를 이미지 맵으로 그리는 방식은 체계적으로 생각하고 도식화, 목록화하는 기존의 일반적인 연구 방식과 다르지만 맥락을 이해하는 데는 효과적이다.[8]

키워드를 적고 관련 있는 내용을 선으로 연결하는 의미 지도 그리기는 다 그려놓으면 마인드맵과 비슷하다. 차이가 있다면, 마인드맵은 발상·생각정리 방법이고 의미 지도 그리기는 메모를 좀 더 체계적으로 하는 것이다. 글을 읽으면서 기억해야 하는 내용을 선형적으로 나열하기보다 키워드를 적고 관계를 정리하면 빨리 이해할 수 있고 동시에 오랫동안 기억할 수 있다.

의미 단위 읽기

'글을 읽는다'는 줄글을 읽는 것을 말한다. 문장으로 이어진 글이 줄글이다. 이 책도 줄글로 이루어져 있다. 문서로 설명할 때, 가장 많이 사용하는 방법이 줄글로 쓰기다. 정해진 양식에 개조식으로 내용을 채워 넣는 보고서, 제안서 형태의 문서도 있다. 이런 문서는 표와 그래프, 숫자까지 읽어야 한다.

줄글, 표, 그래프, 숫자는 저마다 읽는 방법이 다르다. 하나의 의미를 표현하는 단위인 문장으로 구성된 줄글을 읽을 때는 주제문, 즉 핵심을 설명하는 문장을 찾아야 한다. 각각의 문장은 저마다 의미가 있다.

정보를 얻기 위해서 글을 읽을 때는 글자나 낱말, 문장을 전부 읽지 않는다.

마들렌을 먹으면서 추억을 소환하는 내용이 나오는 아주 유명한 책, 《잃어버린 시간을 찾아서》 가운데 한 구절을 보자.

"이제 우리 집 정원의 모든 꽃들과 스완 씨 정원의 꽃들이, 비본 냇가의 수련과 선량한 마을 사람들이, 그들의 작은 집들과 성당이, 온 콩브레와 근방이, 마을과 정원이, 이 모든 것이 형태의 견고함을 갖추며 내 찻잔에서 솟아 나왔다."

이 글을 읽을 때 '이/제/우/리/집/정/원/의/모/든/꽃/들/과…'처럼 한 글자씩 떼어서 읽지 않는다. 대부분 '이제/우리 집/정원의/모든 꽃들과…' 이렇게 단어 단위, 즉 의미 단위로 읽는다. 의미 단위로 읽으면 한 번에 끊어 읽는 범위가 의미마다 달라진다.

'이제/우리 집 정원의 모든 꽃들/스완 씨 정원의 꽃들이/비본 냇가의 수련과…' 이렇게 시점과 장소를 나타내는 '이제' '우리 집 정원' '스완 씨 정원 꽃'을 한 묶음으로 읽는다.

언어인지학자들의 통계에 따르면 사람은 보통 4단어 정도의 의미를 한 번에 인식한다. 속독을 배웠든 배우지 않았든 상관없이 한 눈에 4단어 정도의 의미를 인식하며 줄글을 읽는다. 속독을 배우면 한 번에 많은 단어를 인식하고 빠르게 읽을 수 있다. 하지만 이것은 진정한 '의미 단위 읽기'가 아니다.

읽기 단계를 설명하기 위해서, 쟌느 샬이 만든 독서 능력 발달 단계를 천경록 교수가 우리나라 공통 기본 교육 과정에 맞춰서 제시한 독서 능력 발달 단계를 살펴보겠다.

천경록의 독서 능력 발달 단계

독서 능력 발달 단계	특징
독서 맹아기 (출생~유치원)	글을 읽기 이전 단계, 부모로부터 듣는 동화, TV 아동 프로그램, 그림책을 읽으며 언어 능력을 키우는 단계
독서 입문기 (초등학교 1~2학년)	음성 언어에서 문자 언어로 나아가는 시기, 글로 의사소통하는 방법을 배우는 시기로 글자를 읽고 의미를 이해하는 단계
기초 기능기 (초등학교 3~4학년)	독해로 나아가는 시기, 긴 문장을 의미 단위로 끊어 읽으며 학습 독서를 시작하는 단계
기초 독해기 (초등학교 5~6학년)	초급 사고 기능 형성, 사실과 의견 구분, 정보 축약, 생략된 정보 추론, 이어질 내용 예측, 비유적 표현 이해, 표현의 적절성 판단 등의 기초 독해 기능을 기르는 단계
고급 독해기 (중학교 1~2학년)	고급 사고 기능 발휘, 글쓴이의 의도나 목적 파악, 글의 구조 파악, 일관성 평가, 내용의 신뢰성과 타당성 판단, 글쓴이의 관점, 태도, 동기를 파악하고 비판적으로 글을 읽는 단계
독서 전략기 (중학교 3학년~고등학교 1학년)	목적에 맞춰서 자기의 독서 상황을 점검하고 조절하면서 전략적으로 글을 읽는 단계

참고문헌_한우리독서문화운동본부교재집필연구회 지음, 《독서교육론 독서논술지도론》, (위즈덤북, 2005)

의미 단위 읽기는 고급 독해기인 중학교 1~2학년 수준의 읽기다. 글쓰기 교육에서 불특정 다수가 읽는 글을 쓸 때, 중학생이 이해할 수 있는 정도로 쓰라는 것도 중학교 1~2학년에 의미 단위 읽기 능력이 생기기 때문이다. 신문, TV, 인터넷 등의 매체 기자와 작가는 중학교 교육을 받은 사람이라면 무난히 이해할 수 있게 글을 쓴다.

의미 단위 읽기는 생각보다 어렵다. 한국교육개발원에서 한국 성인의 문해 실태를 조사한 자료를 보면 알 수 있다. 국제성인문해조사IALS에서 조사하는 문해 능력은 '일상적인 활동, 가정, 일터 그리고 지역사회에서 문서화된 정보를 이해하고 활용할 수 있는 능력'을 말한다. 산문, 문서, 수량으로 구분해서 문해 능력을 조사하여 5단계로 수준을 나눴다.

국제성인문해조사의 문해 능력 구분과 단계

문해 능력 구분
• 산문 문해 : 논설, 기사, 시, 소설을 포함하는 텍스트 정보를 이해하고 사용하는데 필요한 지식과 기술
• 문서 문해 : 구직원서, 급여 양식, 대중교통 시간표, 지도, 표, 그래프 등 다양한 형태의 문서에 포함된 정보를 찾고 사용하는데 필요한 지식과 기술
• 수량 문해 : 금전출납, 수입/지출 계산, 대출이자 계산 등 인쇄된 자료에 포함된 숫자를 계산하거나 수학공식을 적용하는데 필요한 지식과 기술

문해 능력 5단계
• 1단계 : 문장을 읽고 이해하지 못하는 수준. 의약품 설명서를 읽고 투약할 약의 양을 결정하지 못한다.
• 2단계 : 일상적인 문해 능력을 요구하는 일을 가까스로 처리하는 수준. 조금 어려운 요구에는 대응하지 못한다.
• 3단계 : 복잡한 일, 일상에서 요구하는 일에 대처하는 최소한의 수준. 대학에서 요구하는 문해 수준을 대략 맞추는 정도의 이해력을 뜻한다.
• 4~5단계 : 고도의 정보처리 및 문장능력을 구사하는 수준

참고문헌_한국교육개발원 지음. 2001년 한국성인이 문해실태 및 OECD 국제비교조사연구

가장 최근에 실시한 문해 능력 조사는 2008년에 시행되었다. 이 결

과에 따르면 우리나라 성인의 문해 능력 평균 수준은 2·3단계로 나타났다. 일상생활에 큰 지장은 없지만 일상적이지 않은 문서^{법령, 길고 어려운 문장, 복잡한 글, 간접적인 추론이 필요한 글 등}를 이해하는데 어려움을 느끼는 수준이다. 국립국어원 자료에 따르면, 성인의 문해 능력 평균 수준은 2·3단계는 중학생 평균 문해력의 70~80퍼센트 수준에 해당한다.[9]

의미 단위 읽기를 영어에 비유하면, 숙어 단위로 읽듯이 단어나 문장이 아닌 의미를 이해하면서 읽는 것이다. 의미를 이해하며 읽는 가장 좋은 방법은 '반복 읽기'다. 처음 읽을 때는 훑어보고, 두 번째 읽을 때 꼼꼼히 읽는다. 세 번째 읽을 때 생각하며 읽는 연습을 한다. 반복 읽기에 익숙해지면 빨리 읽으면서 의미를 이해할 수 있다. 기술적으로 빨리 읽는 속독은 의미 이해 보다 빨리 읽는 행위에 초점을 맞춘다. 하지만 빨리 읽는 것과 깊게 이해하는 것은 다르다.

긴 지문을 시험 시간 안에 읽고 문제를 푸는 수험생은 지문에서 빨리 핵심을 파악해야 한다. 속독을 배웠다면 지문을 빨리 읽을 수는 있다. 하지만 빨리 읽기만 하고 핵심을 찾지 못한다면 출제자가 의도한 통합적 추론 능력을 발휘할 수 없다.

읽기 능력을 향상시키려면 책을 많이 읽으라고 하는데, 많이 읽으면 분명히 도움이 된다. 하지만 학습에 도움이 되는 참고서를 모두 읽기란 불가능하다.

읽은 책의 숫자에 비례해서 이해도가 향상되는 건 아니다. 빠르게 읽으면서 핵심을 파악한 다음 의미를 제대로 이해하는 것이 중요하다.

철학자의 고유한 사상에 대한 글을 읽는다면, 철학자가 쓴 원전, 인물에 대한 평전, 비평서, 쉽게 쓴 개론서 등을 읽고 그들이 살았던 시대에 왜 그런 생각을 했는지, 어떤 과정을 통해서 사상을 확립했는지 등을 깊게 생각해본다. 그러면 의미 단위로 읽는 훈련이 저절로 된다.

신문 사설, 고전, 추천도서, 베스트셀러를 많이 읽었다고 깊게 이해하는 능력이 향상되는 건 아니다. 짧은 글을 읽더라도 글쓴이의 의도, 시대적 배경, 주제 등을 깊게 생각하면서 자기가 가진 배경지식을 보태서 글쓴이의 의도·뜻을 생각하는 연습을 하면 의미 단위로 읽을 수 있다.

읽었는데 왜 기억나지 않을까?

원고를 쓰고 강의를 하는 일이 주요 업무인 나는 다양한 분야의 책을 번갈아 본다. 글쓰기, 기획력 향상에 관한 책, 미술사, 사진을 주제로 쓴 책, 경제·경영 분야의 베스트셀러를 읽는다. 이 책 《핵심 읽기 최소원칙》의 원고를 쓰는 동안에는 도시의 탄생과 건물, 도로, 건축을 인문학 관점에 쓴 책, 사진작가에 대한 책, 젊은 작가상 수상작 모음집, 핵심을 명확하게 전달하는 방법을 설명한 실용적인 책을 보고 읽었다. 잡식성 동물이 먹이를 가리지 않고 먹듯이 여러 분야의 책을 기분에 따라, 손에 잡히는 대로 훑어보고 관심 있는 내용을 읽는다.

우연히 아는 사람을 세미나에서 만났는데, 이런저런 얘기를 하다가 지금 무슨 책을 읽고 있냐고 물었다. 젊은 작가상 수상작 모음집에서 읽은 작품을 기억나는 대로 얘기했다. 그는 책을 즐겨 읽는 사람에게 지금 읽고 있는 책에 대해서 말해달라고 하면, 대부분 읽은 책 제목을 바로 대답하지 못하고 대답하더라도 읽은 내용을 제대로 말하지 못한다고 했다. 이 말을 듣고 나도 책을 많이 읽는 사람을 만나면 읽고 있는 책에 관해서 물어본다. 세미나에서 만났던 사람 말대로, 어떤 책을 읽었고 이런 내용이라고 바로 말하는 사람은 의외로 많지 않다. 갑자기 물어봐서 그럴 수도 있다.

공부하는 학생에게도 이런 모습을 종종 볼 수 있다. 교과서와 참고서를 여러 번 반복해서 읽었음에도 무엇을 공부했는지 바로 기억하지 못한다. 이런 학생이 시험에서 좋은 성적을 받을 리 없다.

글자를 읽어도 의미를 이해하지 못하는 증상을 '난독증'이라고 한다. 난독증은 글자를 알지만 읽지는 못하는 것이다. 실제로 난독증을 가졌던 여배우 수잔 햄프셔는 자서전 《Susan's Story》에서 아이들의 12.5퍼센트가 넓은 의미의 난독증을 가지고 있다고 했다. 때때로 읽기에 문제가 있는 아이들까지 12.5퍼센트에 포함된다. 난독증이 심하면 'saw'를 'was'로, 'no'를 'on'으로, 'dog'를 'god'로 쓰고 읽는다. 우리말도 이와 비슷할 것이다.[11]

글자를 읽지 못하거나 읽어도 내용을 전혀 이해하지 못하는 것이 난독증이다. 난독증은 정도에 따라서 '읽기 곤란', '읽기 장애' 등으로 분류한다. 단지 읽은 내용을 기억하지 못하는 것은 난독증이 아니다.

그렇다면, 책을 읽고도 기억하지 못하는 이유는 무엇일까? 인간이 망각의 동물이기 때문에 기억나지 않는 건 자연의 섭리라고 말하는 사람도 있다. 출판평론가 김성신이 제시한 답이 조금 더 구체적이다. 그는 두 가지 답을 제시했다. 첫째, 책을 읽으면서 전혀 이해하지 못했다면 기억에 남지 않는다. 이해하지 못한 글은 '읽었었다'라고만 기억해도 다행이다. 둘째, 내용을 완벽하게 이해해서 삶의 일부가 되면 더 기억할 필요가 없다. 글을 읽고 얻은 지식, 교훈이 생활 속으로 들어오면 굳이 내용을 기억하지 않아도 된다.

"이해하지 못한 책은 기억에 남지 않는다. 그리고 완전히 이해한 책은 기억할 필요가 없다."

읽은 책 내용을 기억하려는 사람에게 이런 대답을 하면 실망한다.

글을 읽는 목적이 오랫동안 기억에 남기기 위해서, 즉 학습을 위해서라면, 80대 20법칙으로 유명한 파레토 법칙을 이용하면 된다. 책, 보고서, 연구자료 모두 마찬가지다. 20퍼센트에 해당하는 부분에 필요한 정보, 주요 내용의 80퍼센트가 있다. 중요한 정보는 전체 페이지에 고르게 있는 게 아니다. 이해를 돕기 위해서, 글의 분량을 5등분해서 A, B, C, D, E라고 가정하자. A는 글쓴이가 전달하려는 내용, B는 구체적인 사실, C는 연구 결과, D는 유명인 또는 자신이 직접 겪었던 일, E는 실천과 감동을 주는 결론 또는 메시지다. 글을 읽는 사람에게 A~E 가운데 적어도 하나는 유용한 정보가 있다. 나머지 내용은 이미 알고 있거나 당장 필요하지 않지만 나중에 필요할지도 모르는 정보, 그리고 불필요한 정보다.

훑어보면서 필요한 정보, 즉 핵심 문장, 키워드를 찾는다. 그런 다음 필요한 정보에 집중해서 배경지식, 경험과 연결해서 이해하면서 읽는다. 이렇게 읽으면 필요한 내용은 기억에 남는다. 공부하기 위해서 책을 읽는다면, 단원 별로 훑어보면서 필요한 내용이 어디에 있는지 찾은 다음 그 부분을 집중적으로 반복해서 읽는다. 필요한 정보를 완전히 이해하면 그 내용은 기억에 남는다. 이런 읽기 방법은 매우 효율적이다.

책을 읽는 일이 직업인 사람은 어떻게 읽고 읽은 내용을 얼마나 기억하는지 궁금해서 서평가 금정연이 진행하는 강의를 들은 적이 있다. 그는 책을 읽은 날짜와 느낌을 스마트폰 서평 앱에 간단히 기록한다고 하면서 자기가 실제로 겪었던 일을 소개했다. 소설을 정말 재미있게 읽고 스마트폰 서평 앱에 기록하려고 책 제목을 입력했는데 수 년 전에 읽었던 책으로 이미 저장되어 있었다. 같은 책을 두 번 읽는 동안 전에 읽은 소설이라는 생각은 못했다고 했다. 스마트폰 서평 앱에 기록하지 않았다면 수 년 전에 읽었던 책인지도 몰랐을 것이다. 소설은 이해하며 읽지 않는다. 생에 최고의 감동을 받은 소설이 아니라면 두세 번 반복해서 읽지도 않는다. 읽는 사람이 소설 속 이야기와 비슷한 경험을 했다면 그 소설은 조금 더 오래 기억된다.

기억은 이해에서 비롯된다. 이해하지 못하는 내용은 장기 기억에 저장되지 않는다. 내용 전체를 완벽하게 기억하는 것은 불가능하다. 전체를 이해하더라도 모든 걸 기억할 수는 없다. 지금 읽고 이해한 내용도 시간이 지나면 잊게 마련이다.

학습을 목적으로 하는 읽기에서 반복해서 읽기를 강조하는 것도 이런 이유에서다. 기억에 오래 남기는 방법은 단순하다. 읽으면서 핵심을 이해하고, 반복해서 읽으면 더 오래, 뚜렷하게 기억에 남는다.

읽는 목적을 생각한다

글을 읽는 속도가 유난히 빠른 사람이 있다. 책을 빨리 읽는 '속독'은 70~80년대 선풍적인 인기를 끌었다. 눈동자를 빠른 속도로 Z자 또는 T자로 움직여서 한 페이지를 몇 초 만에 읽는 방법은 책을 많이 읽은 사람이 공부를 잘하고 좋은 대학을 가고 결국 성공한다는 진리가 통하던 시절에 세간의 관심을 끌었다. 당시에 속독을 배운 사람들이 서점에 진열된 책을 이삼십 분 동안 빠르게 읽고 구입하지 않는다는 기사가 신문에 실리기도 했다. 책을 빨리 읽는 게 목적이라면 속독은 훌륭한 읽기 방법이다.

지금은 책이 아니어도 읽을 게 많다. 인터넷 콘텐츠를 만드는 크리에이터는 화면에서 읽기 좋게 글과 이미지를 편집한다. 이들은 사용자가 즐기면서 정보를 얻을 수 있게 콘텐츠를 가공한다. 읽는 환경에 맞춰서 지루하지 않게 구성하고 단락을 작게 나눈다. 내용에 따라 이미지와 영상을 편집하고 정보는 문장으로 보여준다.

읽는 방법은 '목적'에 따라 바꿔야 한다. 어떤 목적으로 읽느냐에 따라 읽는 방법도 달라진다. 속독은 글을 읽으면서 원하는 정보를 빠르게 파악하는 읽기 기술이다. 즐기기 위해서 읽는 소설은 처음부터 끝까지 일정한 속도로 읽는 통독이 적합하다. 입문서도 마찬가지다. 앞의 내용을 모르는 채로 뒷부분을 이해할 수 없는 글은 통독으로 읽는다. 통독은 1단계와 2단계로 나눈다. 통독 1단계는 글을 처음부터 끝까지 읽는 과정이다. 즐기기 위해서 읽는 소설과 산문, 에세이는 통독 1단계로 읽는다. 이해하기 위해서 읽는 입문서, 전문서, 학술잡지는 밑줄을 긋거나 중요한 문장과 단어를 메모하고 의미 지도를 그리며 통독 2단계로 읽는다.

나는 책, 보고서, 참고 자료를 일단 처음부터 끝까지 읽는다. 처음 읽을 때는 빠른 속도로 훑어보면서 필요한 내용이 나오면 접어두거나 키워드에 동그라미를 그린다. 모니터로 읽을 때는 개요 또는 소주제의 첫 단락만 우선 꼼꼼히 살펴보고, 읽을만한 내용이라고 판단하면 스크롤하면서 소제목과 단락을 시작하는 문장 위주로 읽는다. 다시 읽어볼만한 내용이면 스크랩해둔다. 나중에 다시 읽을 때는 통독 2단계로 읽는다. 필요한 내용을 메모하고 궁금한 점, 읽는 동안 떠오른 생각을 종이에 적는다.

천천히 집중해서 읽는 것을 정독이라고 한다. 우리나라 거의 모든 부모는 아이에게 읽기를 가르칠 때 한 글자씩 또박또박 읽으라고 한다. 글자를 손으로 짚어가면서 책을 읽어주기도 한다. 한 글자씩 또박또박 읽는 습관을 들이면 성인이 돼서도 한 글자, 한 줄씩 읽는다. 정독은 한 줄도 빠짐없이 읽는 게 아니라 집중해서 읽는 것이다. 집중해서 읽으라고 하면 글자를 뚫어지게 바라본다. 과거에는 이런 정독이 진짜 독서라고 생각했었는지도 모른다. 하지만 지금의 정독은 인터넷에서 관련 정보를 검색하고, 모르는 개념은 다른 책을 참고하고 내용 중에 언급한 책이 있으면 직접 찾아서 읽는 것이다. 통독 2단계와 정독의 차이점이 여기에 있다. 통독 2단계는 지금 읽고 있는 글에만 집중하면 된다. 지하철, 버스, 공원 어디서든지 통독 2단계를 실천할 수 있다. 하지만 정독은 관련된 다른 책과 글도 읽어야 하고 사전을 찾아보고 정확한 개념을 이해해야 한다. 그래서 서재나 도서관처럼 책상에서 읽어야 정독을 할 수 있다. 관련 도서, 인터넷 접속이 가능한 기기를 사용할 수 있어야 집중해서 책을 읽는 정독이 가능하다.[12]

1997년에 우리나라를 뒤흔든 경제위기를 이해하기 위해서 글을 읽는다면, 당시에 신문에 실린 기사와 뉴스 동영상, 경제 현상을 해설한 문서를 교차해서 봐야 한다. 1997년 경제위기가 촉발된 원인을 이해하려면 1980년대 중반으로 거슬러 올라가서 G5 경제선진국 재무장관,

중앙은행총재 모임에서 환율에 관해서 논의한 플라자합의가 시작점이었다는 사실을 알 수 있다.

이처럼 여러 매체와 책에서 설명한 글과 인터넷 콘텐츠를 찾아서 보면 알고 싶은 것, 즉 목적을 달성하는 읽기가 가능하다. 목적을 달성하는 읽기는 독서법에서 다독과 비슷하다. 다독은 같은 책을 여러 번 반복해서 읽는 것[재독], 여러 권의 책을 한꺼번에 읽는 것[다독]이다. 고전은 여러 번 반복해서 읽어야 진정한 의미를 이해할 수 있다. 이론이나 역사적 사실을 이해할 때는 다양한 콘텐츠를 짧은 시간에 동시에 읽는 게 효과적이다.

2

핵심을 찾는 읽기 방법

소리 내서 읽고
키워드에 밑줄을 긋는다

읽지 않고 무언가를 배운다는 건 상상할 수 없다. 학생은 공부하기 위해서 읽고 직장인은 일을 하기 위해서 읽는다. 나는 학교에 다닐 때보다 직장에서 일하면서 읽는 양이 비약적으로 늘었다. 읽는 분야와 범위도 넓어졌다. 분야가 전혀 다른 두세 가지 콘텐츠를 동시에 개발할 때는 마치 한적한 시골에 살다가 도시에 올라온 사람이 거리에 수많은 차와 사람을 두리번거리며 구경하듯 여러 분야의 책을 쌓아놓고 구경하듯 읽었다. 한마디로 읽기에 집중하지 못했다.

시간은 정해져있고 읽을 자료와 책이 너무 많다. 많은 양을 짧은 시간에 보기 위해서 대충 본다. 글을 읽을 시간이 부족하면 집중력이 떨어진다. 눈은 글을 읽고 있는데 내용이 머리에 들어오지 않는다. 이럴 때, 의식적으로 집중하기 위해서 제일 많이 사용하는 방법이 밑줄 긋기다. 밑줄 긋기에서 한 단계 발전한 방법이 메모다. 인간이 정보를 받아들이는 감각은 시각, 청각, 촉각, 후각, 미각, 다섯 가지다.

다섯 가지 감각을 통해서 받아들이는 정보는 더 오래 기억에 남는다. 글, 이미지, 영상, 촉감, 온 몸으로 느끼면서 읽는 방법을 '오감 독서'라고 한다. 오감 독서의 목적은 책의 내용을 더 효과적으로 기억하기 위해서다. 읽기에 사용하는 감각은 시각만이 아니다. 책과 자료, 인터넷에서 정보를 얻는다면 시각과 청각을 함께 사용한다. 중요한 내용은 종이에 메모한다. 손으로 메모하는 동안 촉각을 사용한다. 요리사처럼 후각과 미각을 주로 사용하는 직업을 제외하고 읽고 학습하는 사람은 시각, 청각, 촉각을 이용한다. 책과 자료를 읽은 후에 내용이 머리에 차곡차곡 쌓이면 좋지만, 읽은 내용이 모두 내 것이 되지는 않는다. 나름의 해석 과정을 거쳐야 비로소 머릿속에 저장된다. 해석 과정을 거치면서 새로운 정보와 배경지식이 연결된다. 알듯 말듯 하다면 당장은 기억해도 필요할 때 사용할 수 있는 지식으로 남지 않는다.

머리에서 이해해야 읽기가 완성된다. 읽고 이해하려면 어떻게 해야 할까? 효과적인 방법은 소리 내어 읽는 것이다. 의미를 이해하지 못하는 문장을 반복해서 소리 내어 읽으면 이해가 되는 경우가 있다.

독학으로 원하는 시험에 모두 합격한 야마구치 마유는《7번 읽기 공부법》에서 "모르는 것은 이해할 수 없다"라고 했다. 읽기와 이해는 다르다. 문장을 읽는 것^{시각적으로 감지하는 것}은 '인지'이고 기억에 남기는 것^{의미를 간파하는 것}은 '이해'다. 문장을 읽고 이해하려면 어느 정도 예비지식이 있어야 한다.

모르는 사람과 처음 만나서 인사하고 이름을 들었다고 그 사람을 이해했다고 하지 않는다. 하지만 몇 번 더 만나서 이야기를 나누면 약간은 그 사람을 이해한다. 여러 번 만나서 친해지면, 생각과 행동을 예상할 수 있다. 그래서 상대방이 싫어하는 말이나 행동은 하지 않게 된다.

읽기도 마찬가지다. 여러 번 소리 내서 읽으면 문장과 친해진다. 반복해서 읽는 동안 정보가 배경지식과 결합한다. 그러면서 문장을 이해한다. 두세 번 읽으면 내용이 조금씩 이해된다. 이때 중요한 단어와 문장에 밑줄을 긋는다. 중요한 단어와 문장을 기억하거나 다시 보기 위해서 밑줄을 긋는다. 책을 깨끗하게 봐야 한다고 생각하는 사람은 밑줄을 긋는 것을 낙서와 동일시한다. 책이 귀하던 시절에는 그렇게 생각할 수도 있었지만 지금은 책을 소비성 콘텐츠, 소유보다 효과를 더 중요하게 생각한다. 많은 독서 전문가는 책에 밑줄을 긋고 여백에 메모하면서 읽으라고 권한다.

사이토 다카시는 《독서력》에서 책을 읽으면서 삼색 볼펜으로 밑줄 긋는 방법을 설명했다. 그에게 삼색 볼펜은 독서하기 위해 절대적으로 필요한 도구다. 그는 세 가지 색으로 중요한 부분을 구분한다. 객관적으로 중요한 부분은 파란색, 내용을 파악하기 위해서 읽어야 하는 내용은 빨간색, 재미있다고 생각하는 문장은 초록색으로 표시하라고 했다.

나도 이 방법을 써봤다. 내용을 파악하기 위해서 밑줄을 그은 빨간색만 따라가면서 읽으면 전체 내용을 파악할 수 있었다. 하지만 중요한 부분을 세 가지 색으로 구분해서 색을 바꿔가며 표시하는 게 번거로웠다. 어쨌든 밑줄 긋기는 효과가 있다. 단, 중요한 부분을 골라낼 능력이 있을 때만 효과를 볼 수 있다.

중요한 부분을 골라내지 못하는 사람은 전체 내용을 인지하지 않은 채로 되는 대로 줄을 긋는다. 중요한 내용을 선별하는 기준 없이 밑줄을 그으면 아무런 도움이 되지 않는다. 삼색 볼펜 밑줄 긋기를 무작정 따라하면 나중에 중요하지 않은 내용으로 밝혀져도 지울 수 없다. 다시 읽으면서 중요한 부분에 또 밑줄을 그으면 밑줄만 늘어난다.

밑줄 긋기 원칙

원칙	방법
처음 읽을 때는 밑줄을 긋지 않는다.	전체 내용을 파악한다. 핵심 단어, 핵심 문장을 훑어본다.
두 번째 읽을 때 핵심 단어에만 밑줄을 긋는다.	다시 읽을 때, 밑줄 친 단어를 보면 읽었던 내용이 떠오른다.
단락이 중요하면 단락 옆에 흐리게 표시한다.	단락이 시작하는 여백에 흐리게 표시한다. 중요한 단락 표시가 너무 많으면 표시하는 의미가 없다. 핵심 단락에만 체크 표시를 한다.

밑줄 긋기에서 지켜야 하는 두 가지 원칙이 있다. 첫째, 처음 읽을 때는 밑줄을 긋지 않는다. 처음에는 전체 내용을 파악하기 위해서 훑어보고 두세 번 반복해서 읽으면 맥락을 알 수 있다. 둘째, 꼭 필요한 내용에만 밑줄을 긋는다. 정말 중요한 부분에 밑줄을 그으면 다음에 읽을 때 밑줄 친 단어만 봐도 읽었던 내용이 연쇄적으로 떠오른다.

나는 전체적인 내용이 머릿속에 들어오면 그때 연필이나 샤프로 키워드와 기억할 내용, 용어 등에 밑줄을 긋는다. 삼색 볼펜이나 형광펜은 나중에 지울 수 없기 때문에 연필이나 샤프를 쓴다. 밑줄은 중요한 키워드에 제한적으로 긋는다. 절대로 문장 전체에 밑줄을 긋지 않는다. 핵심 단어 또는 구절에만 밑줄을 긋는다. 여기저기에 밑줄이 보이면 다시 읽을 때 방해가 된다. 단락이 통째로 중요하다고 생각되면 단락이 시작하는 여백에 체크 표시를 한다. 체크 표시도 너무 많으면 단락 전체에 밑줄을 긋는 것과 마찬가지다. 정말 중요한 단락에만 체크 표시를 한다.

세부 내용까지 파악한 후에는 밑줄 그은 키워드와 구절을 A4 용지나 다이어리 한 장에 옮겨 적는다. 30페이지 내외의 자료는 한 장이면 충분하다. 300~400페이지 책도 종이 한 장에 정리하는 게 좋다. 종이 한 장에 밑줄 그은 내용을 정리하면, 전체 내용을 다시 검토하는 데 효과적이다.

읽은 후에
서평과 독후감을 쓴다

학교에서는 학생에게 독후감 쓰기를 숙제로 내준다. 독후감은 '독후' 활동으로 책을 읽은 다음 쓰는 글이다. 초등학생은 학교에서 독서기록장을 나눠준다. 여기에 읽은 책의 줄거리를 요약하고 느낌을 적는다. 대학 입시를 준비하는 고등학생은 생활기록부에 '독서 활동' 항목을 채우기 위해서 독후감을 쓴다. 책을 읽은 느낌, 책을 선택한 이유, 책을 읽고 얻은 교훈을 진로와 관련해서 적는다. 책을 읽는 직장인은 누가 시키지 않아도 SNS에 책을 읽고 난 후에 느낌과 생각을 정리한다.

 내가 쓴 책을 인터넷에서 검색하면, 독자가 읽은 날짜, 기억에 남는 문장과 단락을 블로그에 옮겨 적거나 요약해 놓은 글을 볼 수 있다.

독후감은 책을 읽고 개인적인 느낌과 생각을 정리한 글이다. 학교에서 숙제로, 입시를 위해서 독후감을 써봤기 때문에 독후감에 대한 생각은 대부분 비슷하다. 하지만 서평은 다르다. 어떤 사람은 내용의 좋고 나쁨, 디자인, 편집 등 전반적인 내용을 평가하는 것을 서평이라고 한다. 또 어떤 사람은 책을 읽는 동안 자기에게 일어난 일, 책 내용과 자기 생각이 일치한 부분 또는 다르게 생각한 부분에 관해서 쓰는 것을 서평이라고 한다. 서평이 읽은 책에 대해서 평가하는 글이라면, 책을 올바르게 평가하기 위해서 글쓴이의 경험, 글을 쓴 계기, 글을 쓴 의도 외에도 알아야 할 것이 많다. 지금 내가 쓰는 핵심을 읽어내는 방법에 관한 책도 다수의 책과 자료를 읽으며 몸으로 익힌 핵심을 찾은 방법을 읽기 이론과 과학적인 사례 등에 기초해서 썼다. 단순히 문장과 글을 분석적으로 읽는다면, 구조주의적 분석일 뿐 서평은 아니다.

롤랑 바르트는 〈에드거 앨런 포의 단편 텍스트 분석〉이라는 에세이에 이렇게 썼다.

"우리가 방금 사용한 직물이라는 은유는 우연히 생겨난 것이 아니다. 실제로 텍스트 분석은 텍스트를 직물처럼 짜야만 완성된다. 다양한 목소리, 다양한 코드의 직물이라고 생각해야 한다."[1]

직물은 영어로 텍스타일textile이다. 텍스타일은 텍스트text, 글의 어원이다. 글은 지은이의 경험과 지식, 사례, 근거, 주장 등을 직물처럼 짜야 완성된다. 따라서 서평은 단순히 책에 적힌 글을 해석하는 것이 아니라 역사적·문화적 이데올로기와 결부시켜 해석하는 것이다. 지은이가 살아온 시대와 역사, 사상을 이해하고 글을 읽으면 더 깊게 이해할 수 있다. 하지만 모든 글을 그렇게 읽기에는 시간이 부족하고 읽어야 할 글이 너무 많다.

글을 읽고 평가하는 서평보다 조금 쉬운 개념의 서평을 활용하는 게 바람직하다. 서평가 금정연은 서평을 이렇게 정의했다.

'책을 둘러싼 이야기들'

그는 음식을 먹고 맛을 평가하는 데 비유해서 서평을 설명했다. 서평을 정보, 분석, 감상, 세 가지로 나눴다. 정보 위주의 서평은 내용을 요약·정리한 것이다. 예를 들면, 페루 음식 '세비체'를 먹고 정보 위주의 음식평을 한다면 이렇게 쓸 수 있다.

"해산물을 회처럼 얇게 썰어서 레몬 또는 라임 즙과 고수, 고추, 양파, 소금 등 양념을 넣어서 먹는 음식이다. 우리나라에서 비슷한 음식은 회무침, 물회가 있다."

분석 위주의 서평은 글을 낱낱이 분석하는 형태다. 세비체의 주재료인 해산물과 야채를 써는 방법, 양념이 섞여서 어떤 맛이 나는지, 가열하지 않고 완성하는 조리법 등 음식의 속성을 분석해서 서평을 쓴다. 글도 이렇게 분석할 수 있다. 글쓴이가 쓴 내용을 그대로 수용하는 게 아니라 표면에 드러나지 않은 내면세계 또는 심층 구조를 파악해서 문장을 읽는 사람이 나름대로 해석하는 것이다.

감상 위주의 서평은 말 그대로 느낌을 전달하는 형태다. 세비체의 맛과 식감, 식당의 분위기와 날씨, 함께 먹은 사람은 어떤 맛을 느꼈는지 등을 쓰면 감상 위주의 맛 평가가 된다. 내용을 요약하거나 설명하지 않고 느낀 점을 말하기 때문에 쓰기가 어렵지 않다.

글을 읽었다면 기록해야 한다. 책의 여백, 노트, 메모지, 스마트폰 앱, 어떤 방식이든 상관없다. 읽은 흔적을 남겨야 핵심을 장기기억에 저장하고 실천할 수 있다. 그래야 지식을 활용할 기회가 생긴다. 글을 읽고 나서 시간이 지날수록 흔적은 희미해진다. TV에서 방송하는 강연 프로그램이 많다. 짧으면 십 분 정도, 길면 한 시간 넘게 강연을 한다. 시간에 상관없이 기억에 남는 강연에는 공통점이 있다. 강연을 마치기 전에 내용을 요약해서 정리해준다. 강연이 끝날 무렵, 주제를 환기시키고 핵심을 되짚어주어 청중과 시청자의 머릿속에 확실하게 각인시키는 것이다. 강사의 요약과 핵심 정리는 책을 읽고 바로 기억에 남는 문장과 느낌을 노트에 적는 것과 비슷하다. 강연 프로그램에 참석한 청중과 TV로 보는 시청자는 대부분 강연을 보기만 할 뿐, 필기를 하지 않는다. 때문에 강사가 대신 요약을 해준다. 강연 마지막에 강사가 다시 한 번 핵심을 이야기하는 것은 정보 위주의 서평에 해당한다.

두꺼운 책이나 분량이 많은 문서를 읽으면 일시적으로 머리에 과부하가 걸린다. 이때 서평을 쓰면 과부하가 걸린 머리를 다시 가동한다. 읽는 동안 머릿속에 생긴 의문과 기억해야 할 것을 떠올린다. 자기 생각을 되돌아보면서 인상 깊은 내용과 기억할 만한 구절, 키워드를 한두 줄로 적는 것은 핵심을 읽기 위한 독후 활동이자 서평 쓰기다.

핵심은 어디에 있나?

핵심을 찾아서 읽으려는 생각은 누구나 한다. 시험을 목전에 둔 수험생, 방대한 자료를 검토해야 하는 직장인은 핵심만 읽기에도 시간이 부족하다. 학습 독서, 업무상 필요에 의해 글을 읽고 요점을 파악하는 것은 매우 중요하다. 그래서 수험서 제목에는 '핵심' '요점'이 들어간다.

나도 제목에 '핵심'이 들어간 책과 문서를 많이 봤고 지금도 찾아 읽는다. 핵심만 정리한 글은 내용을 파악하는 시간을 줄여준다. 읽는 시간을 단축시켜 주는 건 매우 큰 장점이다. 그런데 치명적인 단점도 있다. 핵심만 읽으면 얼마 지나지 않아서 기억에서 사라진다. 배경지식을 쌓아야 기억에 남는다.

예를 들면 이렇다. 스탠리 밀그램이 실험으로 증명한 '권위에 대한 복종'의 핵심은 다음과 같다.

"합법적으로 권위가 있는 상황에서는 정상적으로 사고할 수 있는 사람도 다른 사람에게 심각한 위해가 되는 명령에 복종할 수 있다."

글을 읽을 때는 핵심을 정리한 문장을 이해한다. 아니 이해한 것처럼 느낀다. 하지만 핵심만 읽으면 얼마 지나지 않아서 스탠리 밀그램과 권위, 복종 등의 키워드는 기억에서 사라진다.

스탠리 밀그램은 처벌이 학습에 미치는 영향을 알아보는 실험이라고 속이고 실험 참가자를 선생님과 학생 역할로 나눴다. 학생 역할의 참가자에게 기억할 단어 한 쌍을 읽어주고 학생들이 제대로 대답하지 못하면 선생님 역할의 참가자에게 전기 자극을 주라고 했다. 실험 전에 모든 참가자는 강한 전기 자극을 직접 경험했다. 실험이 시작되고 대답하지 못하는 학생에게 선생님은 계속 강한 자극을 주었다. 실제로 학생 역할을 하는 참가자는 사전에 계획한 대로 선생님 역할의 참가자가 전기 자극을 주면 강도에 따라 연기를 했다. 선생님 역할을 맡은 참가자는 이 사실을 몰랐다. 선생님 역할을 맡은 모든 참가자는 300볼트의 전기 자극을 주었다. 일부 참가자는 450볼트까지 강도를 높였다. 300볼트의 전기가 위험하다는 사실을 알고 있었음에도 불구하고 치명적인 위협을 줄 만큼 강한 전기 자극을 주었다.

실험 내용을 읽었다면 '권위에 대한 복종'은 오랫동안 기억에 남는다. 이 실험을 모티브로 제작한 영화도 여러 편 있다. 스탠리 밀그램이 어떤 실험을 했고, 실험 결과는 어떻게 됐는지, 이 실험을 모티브로 제작한 영화에 대한 정보를 찾아보고, 영화까지 봤다면 기억에 더 오래 남는다.

중요한 내용만 골라내서 읽는 방법은 현명한 읽기다. 배경지식도 없이 요점만 읽는다면 현명한 읽기가 아니다. 절대적인 읽기의 양이 부족하면 핵심을 찾는 데도 서툴 수밖에 없다. 핵심을 빨리 찾겠다는 생각으로 빨리만 읽으면 내용을 파악하기가 더 어렵다. 배경지식을 쌓으면, 훑어보는 동안 핵심이 눈에 들어온다.

글에는 흐름이 있다. 앞에서 예로 든 스탠리 밀그램의 실험과 권위에 관한 복종은 언제나 한 쌍으로 나온다. 글쓴이의 의도에 따라 인간의 본성, 자유의지, 도덕적 판단, 정의 등으로 관점은 바뀔 수 있다. 개인의 의지보다 사회와 권위에 더 많은 영향을 받는다는 핵심은 바뀌지 않는다. 글을 읽다보면 문장에서 글쓴이의 주장, 강한 확신이 드러나는 부분이 있다. 글쓴이는 확실하게 전달하고 싶은 내용을 한 문장으로 짧게 끝내지 않는다. 사례와 근거를 들면서 읽는 사람을 핵심으로 빨아들이려고 한다. 훑어보는 동안 핵심과 참고할 내용, 설명하는 내용^{사례, 근거 등}을 구분한다. 두 번째 읽을 때는 정독을 하던 통독을 하던 관계없이 핵심이라고 생각하는 부분에서 자연스럽게 주의를 기울인다. 세 번, 네 번 반복해서 읽고, 참고할 내용과 핵심을 설명하는 이야기까지 찾아서 읽으면 지식으로 남는다. 핵심은 더 선명하게 기억된다.

생각한 후에 읽고, 읽으면서 생각하고, 읽고 나서 생각하기

시험이 며칠 앞으로 다가오면, 학생들의 성적 향상을 위해서 선생님은 핵심만 간추려서 정리해주며 이렇게 말한다.

"수업 시간에 강조한 내용, 필기할 때 동그라미 표시한 부분 위주로 공부하면 좋은 성적을 받을 수 있다."

수능 시험, 자격증 시험, 입사 시험 등을 목전에 둔 수험생은 핵심만 중점적으로 공부한다. 시험공부를 하면서 핵심을 찾는 건 어렵지 않다. 선생님이 중요하다고 강조한 것과 기출문제를 보면 된다. 요즘은 수험서에 중요한 내용을 별도로 요약하고 단원마다 출제빈도를 표시해 두었다. 수험생은 시험에서 많이 출제된 단원을 집중적으로 공부한다. 그저 열심히 공부하는 학생보다 핵심에 집중해서 공부하는 학생이 더 좋은 점수를 받는 건 당연하다. 시험에서 높은 점수를 받으려면 출제 범위를 모두 공부할 게 아니라 출제자의 의도를 분석해서 핵심 위주로 공부해야 효율을 높일 수 있다.

글도 마찬가지다. 글쓴이의 의도를 파악해야 핵심이 제대로 전달된다. 공부와 독서, 자료 검토는 시간을 많이 할애한 만큼 좋은 성과가 나온다는 보장이 없다. 수업 시간에 선생님이 강조한 부분, 시험에 자주 출제되는 부분이 핵심이다. 그렇다면 글을 읽을 때는 어떻게 해야 핵심을 찾을 수 있을까? 이 질문에 답은 '생각하면서 읽기'다. 무엇을 생각하면서 읽어야 할까? 이미 알고 있는 것, 읽어도 모르는 것, 어렴풋이 알고 있는 것 등 자기가 가진 지식을 생각하면서 읽어야 한다.

독서전문가는 책을 읽기 전에 지은이가 어떤 경력과 생각을 가졌는지, 책을 쓴 이유와 목적은 무엇인지 살펴보라고 말한다. 표지와 뒤표지에 글·그림·사진, 추천사, 내용을 요약한 글, 머리말, 차례를 보면서 유추해 볼 것을 권한다. 차례에서 소제목을 훑어보면 책이 어떤 흐름으로 구성되는지 알 수 있다. 꼼꼼히 읽을 부분과 대충 읽을 부분, 읽지 않아도 되는 부분으로 나눈다. 이것이 책 읽기 예비단계다. 책 읽기 예비단계를 거치면 읽는 속도도 빨라진다.

나는 자료를 검토하거나 책을 읽을 때, 이미 알고 있는 내용은 건너뛴다. 다시 읽을 필요가 없는 내용은 X표시를 한다. 단락의 제목을 보고 알고 있는 내용이면 넘어간다. 새로운 주제 또는 내가 알고 있는 지식과 반대되는 내용은 집중해서 읽는다. 대강 훑어읽으면서 집중해서 읽지 않아도 되는 부분, 즉 중요하지 않은 부분을 골라낸다. 이해를 돕기 위해서 보충 설명하는 부분에는 핵심이 없다. 이미 알고 있는 내용이나 보충 설명하는 단락은 집중해서 읽지 않아도 된다.

대다수의 사람들은 책을 꼼꼼히 읽어야 한다고 배웠다. 한 글자도 빠트리지 않고 읽으려고 애쓴다. 어린이에게 꼼꼼하게 읽으라고 가르치는 이유는 올바른 읽기 습관을 들이기 위해서다. 꼼꼼하게 읽기는 읽기에 익숙한 학생이나 성인에게는 효율적인 읽기 방법이 아니다. 학습이나 목적을 가지고 읽는 글은 글쓴이의 의도, 즉 핵심을 찾아서 읽어야 한다. 핵심을 찾는 과정의 첫 단계는 읽지 않아도 되는 부분을 가려내는 것이다. 수십, 수백 페이지의 자료를 검토할 때도 마찬가지다. 읽어야 하는 부분과 읽지 않아도 되는 부분을 구분해서 전략적으로 읽어야 하는 부분에 집중하면 시간과 노력을 절약할 수 있다.

읽지 않을 부분을 구분할 때 주의할 점이 있다. 두세 번 반복해서 읽었음에도 전혀 이해하지 못하거나 대충 이해한 부분을 읽지 않아도 되는 부분으로 구분하면 안 된다. 이해하지 못하는 부분에 핵심이 있을 수도 있다. 이해가 안 되서 막힌다면 한두 번만 반복해서 읽는다. 한두 번 읽어서 이해가 안 되면, 쉽게 쓴 책이나 글을 찾아서 읽는다. 그래도 이해가 안 되면 그 부분을 표시하고 넘어간다.

읽다가 막히는 부분을 반복해서 읽는 동안 이해가 되면 다행이지만 이해하지 못하면, 우선 끝까지 다 읽고 이해가 안 된 부분을 다시 읽는다. 그러면 대부분 이해가 된다. 이해할 수 없는 내용을 붙잡고 계속 반복해서 읽는 건 시간 낭비다. 이럴 때는 한 페이지를 읽는 데 3~5분 정도 시간을 제한하고 이해가 되지 않아도 다음 단락으로 넘어간다. 뒷부분을 읽으면서 앞에 내용이 이해되기도 한다. 앞에서 이미 알고 있다고 생각한 내용이 실제로는 잘못 이해한 내용이라는 사실을 뒤늦게 알아차리기도 한다. 자기가 알고 있던 지식과 다르면 앞에 읽었던 내용을 다시 읽기도 한다. 모든 글에는 80대 20 법칙이 적용된다. 집중해서 읽어야 하는 내용은 20퍼센트 정도다. 핵심은 20퍼센트 안에 있다. 나머지 80퍼센트는 핵심을 설명하기 위해서 존재한다. 연구소에서 발행한 보고서, 신문의 칼럼, 잡지에 실린 인터뷰도 마찬가지다. 생각하면서 읽으면 20퍼센트의 핵심을 가려낼 수 있다. 글을 읽으면서 자기가 알고 있는 내용을 생각하면 읽는 데 걸리는 시간을 줄어들고 내용은 더 명확하게 이해할 수 있다.

프란시스 베이컨은 "어떤 책은 맛만 보게 되고, 어떤 책은 삼키게 되고, 소수의 책은 씹어서 소화도 시키게 된다"라고 했다. 이 말은 어떤 책은 일부분만 읽어도 되고, 어떤 책은 내용을 모두 읽어야 하고, 또 어떤 책은 주의 깊게 읽어야 한다는 의미다.

생각하며 읽고, 읽으면서 생각하면 어떤 내용을 맛보고, 삼키고, 소화해야 하는지 가려낼 수 있다.

문장에도 해상도가 있다

해상도가 낮은 이미지나 사진을 크게 보려고 확대하면 윤곽이 흐릿해진다. 흔히 픽셀이 깨졌다고 하는데, 실제로 픽셀이 깨진 건 아니다. 해상도가 높으면 확대해도 선명하게 보인다.

문장에도 해상도가 있을까? 자세히 묘사한 글은 해상도가 높고, 대충 쓴 글은 해상도가 낮을까? 같은 문장, 같은 책을 여러 사람이 읽으면 사람마다 이해하는 방식과 느낌이 다르다. 픽션이든 논픽션이든 이해하는 정도에 따라서 읽은 후에 깊은 울림을 받은 사람이 있고 반대로 지식, 교훈, 감동 그 어떤 것도 받지 못하는 사람이 있다.

글을 읽을 때 글쓴이의 생각을 읽기 위해서 적극적인 읽기, 질문하며 읽기, 비판하며 읽기, 배경지식과 연관 지어 읽기 등의 방법을 권한다. 이런 읽기 방법은 분명히 효과가 있다.

글의 성격에 따라 읽는 방법을 달리해야 효과를 볼 수 있다. 읽기 방법을 고민하기 전에 챙겨야 할 게 있다. 바로 무언가를 알아내려는 자세다. 루브르, 오르세 등 세계적인 박물관과 미술관에 전시된 명화 중에는 크기가 굉장히 큰 작품이 많다. 사람 키보다 큰 그림을 볼 때는 멀리서 전체를 보고 가까이에서 세부적으로 묘사한 부분도 본다. 컴퓨터에서 이미지를 확대해서 보는 이유와 마찬가지다. 전체와 부분을 번갈아 보는 이유는 그림을 이해하기 위해서다.

무언가를 이해한다는 의미를 생각해 본 적이 있는가. 학생, 직장인, 남녀노소를 불문하고 글을 읽는 목적은 무언가를 알기 위해서, 이해하기 위해서다.

일본의 비평가 사라토리 하루히코는 '안다'와 '이해한다'의 차이를 이렇게 설명했다.

"음, 네 말은 잘 알겠어."

상대방의 기분과 의지, 방향성 정도를 안다는 의미다.

"알았어. 잘 알았다고."

상대방의 입장에 동감한다는 의미다.

"이제 알았다고."

더 이상 설명은 필요 없다는 의미다.

"이제 드디어 알았다."

전체 내용을 이해했다는 사실을 알린다는 의미로 감탄이나 안도의 감정이 포함된 표현이다.

세 가지 '안다'는 일반적인 표현이다. 일반적인 표현의 '안다'와 글을 읽어서 '안다'는 의미가 다르다. 글을 읽어서 아는 것은 자기가 확실히 알지 못했던 것을 비로소 완전히 알게 되었을 때 '이해했다'라고 한다.[2]

읽고 이해하는 것은 순서나 인과관계를 밝혀서 본질을 알아내는 것이다. 단락이 체계적으로 연결된 글을 읽으면 이해했다는 느낌이 든다. 순서대로, 체계적으로 연결된 내용이 사실이 아닐 수도 있다. 나름의 논리가 있는 것과 옳은 것은 다르다. 거짓으로 꾸며도 논리를 만들 수 있다. 내용이 옳고 그른지는 깊이 생각하며 읽으면 알 수 있다.

자기가 알고 있는 지식과 비교하면서 읽으면 정보의 옳고 그름을 판단할 수 있다. 아이들에게 새로운 것을 가르칠 때, 아이들 눈높이에 맞춰서 예를 들어 설명하는 것과 같다. 적절한 비유를 하면 쉽게 이해한다.

지식이나 경험이 부족하면 여러 번 읽어도 이해하지 못한다. 읽으면서 자기가 알고 있는 지식과 연결해야 하는데 연결할 지식이 없어서 그렇다. 지식을 하루아침에 쌓을 수는 없다. 그동안 읽지 않았던 책을 단기간에 많이 읽는다고 지식이 바로 축적되지도 않는다. 5~10분 만에 읽을 수 있는 짧은 글이라도 깊이 읽어야 의미를 이해하고 지식을 쌓을 수 있다.

깊이 읽기 여섯 단계

Skimming	Underline	Memo	Reference	Ask	Rereading
처음부터 끝까지 훑어본다.	읽으면서 밑줄을 긋는다.	여백이나 종이에 기록한다.	참고 자료를 찾아본다.	스스로 질문한다.	다시 읽는다.

　무언가 알기 위해서 읽는 글은 딱 한 번만 읽고 의미를 파악할 수 없다. 한 글자 한 글자 짚어가며 소리 내서 한 번만 읽는 것보다 훑어보더라도 반복해서 읽는 편이 낫다. 우선 전체를 파악하기 위해서 처음부터 끝까지 빠르게 읽는다.

　나는 책, 인터넷 기사, 보고서, 출력한 자료 등 뭐든지 처음부터 끝까지 훑어본다. 읽기 전에 훑어보면 의식하지 않아도 머릿속에 전체 내용을 조망하는 지도가 그려진다. 요지는 이렇고, A 다음에 D가 나오고 B는 C와 비교해서 정리했기 때문에 마지막에 나온다. 이런 식으로 내용이 흘러가는 구조가 머릿속에 그려진다. 그런 다음 처음부터 읽는다. 구조를 파악하는 목적의 훑어보기는 읽기가 아니다. 문장과 단어, 단락의 흐름을 인식하며 읽는다. 앞에 나온 문장을 기억하고 지금 읽는 문장의 의미를 파악한다. 한 단락씩 읽으면서 밑줄을 긋는다. 읽으면서 밑줄을 긋는 게 아니라 한 단락을 읽은 후에 키워드, 의미를 확인해야 하는 단어와 구절에 밑줄을 긋는다. 밑줄을 긋는 데도 특별한 방법이 있다. 키워드는 직선으로, 자세히 확인해야 하는 내용은 물결 모양으로 표시한다. 단락 전체가 중요하면 좌우 여백에 흐리게 표시한다. 읽은 사람만 알아 볼 수 있게 나중에 다시 볼 때, 찾을 수 있을 정도로 표시한다.

책, 출력한 자료처럼 종이에 인쇄한 글을 읽을 때는 밑줄을 긋거나 여백에 생각을 적는다. 밑줄을 긋는 걸로 부족하면 여백에 자기 생각이나 보충해서 찾아봐야 하는 내용을 적는다. 인터넷에 게재된 뉴스, 콘텐츠를 스마트폰 또는 모니터로 읽을 때는 밑줄을 긋고 여백에 메모할 수 없다. 나는 이럴 때, 해당 기사나 글을 SNS에 저장하고 키워드, 추가로 확인할 내용, 생각 등을 짧게 적는다. 그런 다음 나중에 시간 날 때 다시 읽는다. 밑줄을 긋고 여백에 메모한 내용에 집중하면서 읽는다. 처음 읽었을 때와 멀지 않은 시점에 다시 읽어야 한다. 가능하면 24시간 안에 다시 읽는 게 좋다. 모르는 내용은 반드시 참고자료에서 의미를 파악한다. 사람 이름, 지명, 낯선 용어는 인터넷에서 찾아본다.

예전에 사막을 건너는 사람들을 설명한 책에서 과거에 이집트 백사막을 건너는 사람들은 스핑크스를 발견하면 안도의 한숨을 쉬었다는 내용이 나왔다. 스핑크스 머리가 향하는 방향으로 걸어가면 나일강이 나왔기 때문이다. 이 글을 읽고 그런가보다 하고 책을 덮을 수도 있다. 여기서 구체적인 지식을 쌓으려면 모르는 내용, 궁금한 부분을 찾아봐야 한다. 나는 백사막은 어디인지, 스핑크스와 나일강이 얼마나 떨어져 있는지 궁금했다. 이집트 바하리야 지역에 두 개의 사막이 있다. 흑사막 black desert과 백사막 white desert이다. 흑사막은 검은 모래로 덮여 있고, 백사막은 하얀 석회암 모래로 덮여 있어서 흑사막, 백사막으로 불린다. 스핑크스는 백사막에 있다. 스핑크스와 가장 가까운 나일강까지 거리를 인터넷 지도에서 측정해보았더니 직선거리로 7~8킬로미터 정도였다. 중간에 산은 없고 평지다. 도로 사정이 좋지 않았던 시대에도 8킬로미터는 두세 시간 정도면 걸어갈 수 있는 거리다.

 이렇게 궁금한 내용을 찾아보면서 글을 읽으면 구체적인 지식을 얻을 뿐만 아니라 질문에 대한 해답까지 찾을 수 있다. 그리고 시간이 지나서 그 내용을 다시 읽는다. 지식을 쌓고 사고의 범위가 넓어지면 의미를 수용하는 방식이 바뀐다. 다시 읽으면 처음 읽었을 때 발견하지 못한 정보와 지식, 깨달음을 얻는다. 인문학, 철학 책에 담긴 정보는 깊게 읽어야 얻을 수 있다. 개인의 경험이나 방법을 설명한 책은 훑어본 다음 중요하다고 표시한 내용만 다시 읽어도 된다. 다시 읽으면 이전보다 확실히 이해하고 새로운 지식을 발견할 수도 있다. 이런 과정을 통해서 깊이 읽기가 완성된다.

빨리 많이 읽기

 미국 대학은 학생들이 상당한 양의 책을 읽도록 교육과정을 만들었다. 시카고대학에는 그레이트북스 프로그램, 하버드대학에는 하버드 클래식, 세인트존스칼리지에는 더 뉴 프로그램이 있다.

 모두 책을 읽고 토론하는 방식으로 수업을 진행한다. 세인트존스칼리지의 더 뉴 프로그램은 107권의 책을 교재로 정하고 20명 정도 학생이 모여서 책을 읽고 토론하는 수업이다. 독서 프로그램 외에 학과 전공 수업에서도 상당한 양의 책을 읽어야 한다. 학과 공부에 필요한 수십 권의 도서 목록을 나눠주고 일주일 동안 10권을 선택해서 읽고 자기 생각을 써서 리포트를 제출하라는 과제를 내준다. 리포트를 제출한 후에 학생들은 토론한다. 리포트를 작성하기 위해서 억지로 책을 읽었다면 제대로 토론할 수 없다. 10권의 책을 읽고 자기 생각을 덧붙여서 이야기하려면 전체 내용을 속속들이 이해해야 한다.

미국 대학생만 독서 토론 형식으로 수업을 진행하는 건 아니다. 비즈니스 스쿨도 마찬가지다. 비즈니스 스쿨에 입학하려면 먼저 '리딩 어사인먼트 reading assingment'를 통과해야 한다. 리딩 어사인먼트를 통과하기 위해 일주일 동안 읽어야 하는 자료는 1,000페이지가 넘는다. 방대한 자료를 읽어야 제대로 토론할 수 있다. 자료에 나온 구체적인 사례까지 읽고 자기만의 방법으로 해석해서 토론하는 방식으로 수업을 진행한다. 학생들은 90분 동안 진행하는 수업에 참여하기 위해서 참고도서를 여러 번 반복해서 읽는다. 일주일에 이런 수업이 세 개면 참고도서를 여러 권 읽고 사례집도 읽어야 한다. 본격적으로 사례를 연구하는 수업에서는 교재와 부교재, 각종 자료를 읽어야 한다. 일주일에 1,000페이지 이상을 읽지 않으면 수업에 참여해도 내용을 이해하지 못한다. 토론 수업에서 교수는 학습을 도와주는 튜터tutor 역할을 할 뿐이다. 학생들은 시행착오를 거듭하면서 필요한 내용을 직접 찾는다. 일주일에 1,000페이지 분량의 책과 참고자료를 읽고 이해하기는 어렵다. 1,000페이지 분량을 일주일에 읽으려면 산술적으로 하루에 150페이지 정도 읽어야 한다. 하루에 150페이지를 읽는 건 어렵지 않다. 문제는 토론을 하기 위한 준비다. 사례를 학습하고 자기 생각도 정리해야 하기 때문에 토론 준비는 쉽지 않다. 일주일에 1,000페이지 분량의 자료와 책을 읽고 사례 연구와 함께 자기 생각까지 정리하려면 필요한 부분만 읽는 '발췌독'을 해야 한다. 필요한 부분, 자기가 읽어야 하는 부분이 어디인지 찾는 것이 관건이다. 책과 자료에는 제목과 차례가 있다. 모든 독서전문가는 제목과 차례를 보고 대략적인 내용을 예상하라고 한 목소리로 말한다. 머리말과 맺음말을 읽으면 무엇을 설명하는 책인지 알 수 있다. 머리말, 맺음말이 따로 없는 보고서와 참고자료는 개요와 결론을 먼저 읽으면 본론에 어떤 내용이 있는지 유추할 수 있다. 단원이 시작하는 부분, 단락의 첫 문장도 꼼꼼히 읽는다. 일반적으로 도입부에서 전체 내용을 요약하기 때문에 단락의 첫 문장은 반드시 읽어야 한다. 그리고 본문에서 강조한 고유명사와 도표, 사례의 결론은 집중해서 읽는다.

  읽을 분량이 많을 때는 필요한 정보와 불필요한 정보를 가려내는 것이 중요하다. 불필요한 부분을 제외하고 필요한 부분을 중심으로 읽고 핵심을 이해하면 된다. 필요없는 부분을 가려내는 방법을 익혀야 한다. 키워드, 즉 핵심 단어를 추려내고 그 단어가 나오지 않는 소단원과 단락은 덜 중요한 부분이다. 차례와 단락의 제목을 훑어보면 자주 나오는 단어가 있다. 중요하기 때문에 자주 나온다. 차례와 본문을 훑어보면서 핵심 단어를 노트에 정리한 다음 그 단어가 나오는 부분 앞뒤를 읽으면 핵심을 파악할 수 있다. 단원과 단락 도입부를 꼼꼼히 읽고 차례와 본문에서 찾은 키워드를 중심으로 읽는 것만으로도 70~80퍼센트의 내용을 파악할 수 있다.

《Teaching Sociology》에 실린 '딥 리딩Deep reading'에 관한 연구에서 표면적인 의미를 이해하는 읽기와 깊은 내용을 이해하는 읽기에 관해서 설명했다. 표면적인 의미를 이해하는 학생은 각 페이지에 나열된 단어를 모두 눈으로만 보고 다 읽었다고 말한다. 이렇게 눈으로만 지문을 읽고도 시험에서 문제를 풀 수는 있다. 하지만 깊이 읽는 것은 아니다.

깊은 내용을 이해하며 읽은 학생은 다른 관점에서 쓴 글도 읽는다. 장기기억에 핵심을 저장하기 위해서 밑줄을 긋고 여백에 이해한 내용을 적는다. 그리고 단원 또는 장이 끝나면 핵심 문장 주변이나 여백에 자기 생각을 적는다. 이런 학생들은 자기가 이해한 내용을 도해나 그래픽으로 만들어서 토론에서 다른 학생에게 설명할 때 사용한다. 특이점은 깊이 이해하며 읽은 학생의 78퍼센트가 자료의 75퍼센트만 읽었다는 사실이다. 이만큼만 읽고 독서를 마친 이유는 더 높은 수준의 수업에 참여할 만큼 지식을 습득했기 때문이라고 응답했다.[3]

미국 대학에서 상당히 많은 양의 책과 자료를 학생들에게 읽게 하는 이유는 많이 읽기가 아니라 깊이 이해하며 읽는 방법을 가르치기 위해서다. 방대한 자료를 제한된 시간 안에 읽으면서 학생들은 다양한 읽기 방법을 시도한다. 그러면서 자기에게 맞는 읽기 방법을 찾는다. 내용을 제대로 이해한 학생은 핵심을 정확하게 설명하고 전체 내용을 도해와 차트를 만들어서 다른 학생에게 자기 생각을 전달한다. 이런 과정을 거쳐서 읽은 내용은 지식이 된다.

빨리 읽으면서 완전히 이해하기

정보를 얻기 위한 읽기는 알아내기^{Knowledge}, 이해하기^{Comprehension}, 적용하기^{Application}, 분석하기^{Analysis}, 종합하기^{Synthesis}, 판단하기^{Evaluation} 단계를 거친다. 다섯 단계를 거쳐서 정보를 얻고 완전히 이해한다. 하지만 많은 사람이 알아내기와 이해하기 과정에서 읽기를 끝낸다. 읽고 이해한 내용을 활용하거나 분석·종합·판단하려고 하지 않는다. 일부 독서전문가는 실천하는 독서를 주장하지만 아는 것을 실천하기에는 현실적으로 걸림돌이 많다.

알아내기는 글을 읽으면서 필요한 내용이 무엇이고 어디에 있는지 찾아서 머릿속에 담는 단계다. 이해하기 단계에서 읽은 내용을 자기 경험에 비추어 해석한다. 이해하기 과정을 거치면 두서없이 읽은 내용이 머릿속에서 일정한 순서에 따라 배열된다. 머릿속에 배열되는 순서는 글이 전개되는 순서와 다르다. 글을 읽으면서 이해한 내용 위주로 정리, 정돈된다. 글쓴이의 의도와 전혀 다른 의미로 이해할 수도 있다.[4]

글을 읽고 중요한 내용을 머리에 담으려면, 글쓴이의 의도를 생각하면서 문장의 연결 관계를 살펴야 한다. 글의 흐름에 따라 중심 생각과 어떤 논리에 따라 문장을 배치했는지 염두에 두고 읽으면 필요한 내용과 필요 없는 내용을 가려내서 빨리 읽을 수 있다. 책에서 모든 내용이 중요하지 않듯이 한 편의 글에는 중요한 문장과 중요하지 않은 문장이 섞여 있다. 첫 문장부터 마지막 문장까지 모두 중요하다는 생각을 버려야 한다. 한 권의 책이든 한 페이지짜리 글이든 핵심 문장이 있다.

핵심은 읽기 전까지 어디에 있는지 모른다. 그렇다고 첫 문장부터 집중해서 읽으면 핵심을 찾기 전에 집중력을 다 소진한다. 일반적으로 핵심을 앞에 배치한다고 알려져 있지만 전체 내용을 훑어보기 전에는 핵심이 어디에 있는지 알 수 없다. 먼저 전체 내용을 훑어본다. 그러면 머릿속에서 핵심을 찾기 위한 준비를 한다. 전문 용어 때문이 이해하지 못하는 내용이 나와도 의미를 유추하며 끝까지 훑어본다. 핵심은 흥미롭지만, 글쓴이가 줄글로 설명하는 기술이 부족하거나 표현이 적확하지 못할 때도 필요한 부분만 선택적으로 읽는다.

가장 중요한 문장, 즉 핵심 문장을 찾고 사실과 글쓴이의 주장을 가려내는 것이 읽기에서 가장 중요하다. 학교에서 국어시간에 문단 나누기를 하는 것도 핵심을 찾는 훈련이다. 문장과 단락을 짧게 요약하는 것도 읽기가 완료되었는지 확인하기 위해서다.

핵심 문장을 찾으면 내용을 요약하는 것은 간단하다. 핵심 문장을 요약해서 자기만의 문장으로 표현하면 된다.

읽기를 의미론적으로 분석한 반 다이크와 킨취는 주체적 심층구조의 명제분석 Propositional Analyse 에 따라 핵심을 찾는 4단계 요약 모델을 제시했다.

핵심을 찾는 4단계 요약 모델

핵심을 찾는 단계	특징	질문
1단계 삭제 (Deletion)	연속되는 명제들 가운데 후속 명제의 해석에 직접 연관이 없는, 부수적인 속성을 지시하는 명제를 삭제한다.	일반적인 생각을 찾았는가?
2단계 일반화 (Generalization)	연속되는 명제들은 상위의 개념으로 한정하는 명제로 대치될 수 있다.	일반적인 생각 중에서 가장 중요한 정보를 찾았는가?
3단계 선택 (Selection)	연속되는 명제들 중에서 또 다른 명제가 지시하는 사실이나 통상적인 조건은 삭제할 수 있다.	일반적인 생각에 반대되는 정보를 찾았는가?
4단계 구성 (Construction)	연속되는 명제들은 통상적인 조건이나 요소 결과들을 지시하는 하나의 명제로 대치될 수 있다.	핵심이 명확해졌는가?

참고문헌_고은미 외 지음,《멀티미디어 시대의 전략적 글 읽기》, (글누림, 2006)

미국 국립 도서 재단 이사 스티브 레빈은 《전략적 책 읽기》에서 책을 읽는 데 가장 중요한 것은 그 책의 내용을 이해하기 위한 읽기 방법이 무엇인지를 재빨리 찾는 것이라고 했다. 사람을 만날 때, 그 사람의 성격과 취향에 따라 대화하는 방식과 접근 방법을 달리 하는 것처럼 글을 읽을 때도 특징을 파악하고 핵심만 읽을지, 천천히 내용을 음미하면서 읽을지 결정해야 한다.

정보를 얻기 위해서 글을 읽는다면, 핵심을 파악하는 노하우를 익혀야 한다. 《이상한 나라의 앨리스》를 쓴 루이스 캐럴은 글을 읽고 더 많은 것을 배우려면, 머릿속에 읽은 내용이 스며들어 갈 수 있는 시간을 가지라고 했다. 글을 읽고 오랫동안 기억하는 방법을 연구한 학자들은 메모하면서 읽기, 질문하며 읽기, 빨리 읽고 다시 읽기 등의 방법을 제안한다. 메모하면서 읽기는 핵심 문장에 밑줄을 긋거나 여백에 요약한 내용을 쓰는 것이다. 여기에 자기 생각을 함께 적어두면 나중에 메모만 보고도 전체 내용을 떠올릴 수 있다.

질문하면서 읽기는 SQ3R로 널리 알려졌다. SQ3R은 관찰^{Survey}, 질문^{Question}, 읽기^{Read}, 말하기^{Recite}, 복습하기^{Review}다. SQ3R의 핵심은 다섯 단계를 거치면서 핵심에서 세부 내용까지 살펴보는 읽기 방법이다.

빨리 읽고 다시 읽기는 처음 읽을 때는 대충 훑어보기만 하고 다시 읽을 때 문장을 음미하며 읽는 방법이다. 이렇게 읽으면 한 번 꼼꼼히 읽는 것보다 더 많이, 더 빨리 읽고 필요한 내용을 더 많이 기억할 수 있다.

읽었는데 기억하지 못하는 이유는 핵심을 찾지도, 내용을 이해하지도 못했기 때문이다. 글을 읽고 정보를 얻으려면 핵심을 찾아야 한다. 같은 글을 두 번, 세 번 반복해서 읽으면 처음 읽을 때 안 보였던 내용이 보인다. 관심이 없는 내용은 빨리 읽거나 지나가고 중요하다고 생각하는 내용이 있으면 자세히 읽는다. 처음 읽을 때 관심이 없어서 지나친 내용이 다시 읽을 때는 자세히 읽어야 하는 내용으로 바뀌기도 한다. 밑줄을 긋고 여백에 메모하고 질문하며 읽는 것도 모두 핵심을 오랫동안 기억하기 위한 읽기 방법이라는 것을 기억하자.

이해력을 높이는 읽기

글을 빠른 속도로 읽으면서 깊이 있는 내용까지 이해하기 위해서 필요한 열쇠는 '스키마^{schema}'다. 스키마를 사전에서 찾아보면 '윤곽, 개요, 도식'이라는 의미다. 사전적 의미가 이렇다. 글을 읽을 때 스키마는 독자가 갖고 있는 배경지식이다. 배경지식에는 학교에서 배운 이론, 직접 경험하며 익힌 것, 어딘가에서 본 것, 들은 것이 모두 포함된다. 배경지식이 많으면 빨리 읽으면서 심층적으로 이해할 수 있다. 새로운 정보는 이전에 쌓은 지식과 결합하면서 이해가 된다. 이해한 정보만 머리에 저장된다.

글을 빨리 읽으면서 핵심을 잘 뽑아내려면 건너뛰면서 읽는 스키밍Skimming이 가장 효과적이다. 스키밍은 우유 위에 막을 걷어낸다는 뜻의 스킴skim에서 유래했다. 스키밍은 속독법의 일종으로 전체를 살피면서 필요한 내용을 파악하는 읽기 방식이다. 그렇다면, 중간 중간 건너뛰면서 읽는데 어떻게 중요한 내용을 골라낸단 말인가.

필요한 정보를 찾아내는 연습은 신문을 보면서 하는 게 효과적이다. 종이 신문은 핵심을 찾는 연습을 하기에 안성맞춤이다. 요즘 발행하는 일간 신문은 별도로 만든 섹션까지 합해서 50~60면으로 구성된다. 신문의 글자는 크기가 작아서 글자 수로 보면 200페이지 내외의 책 한 권 분량이다. 신문에 게재된 모든 기사를 꼼꼼히 읽는 사람은 많지 않다. 대부분 신문을 대충 훑어만 보고 필요한 기사 몇 개만 꼼꼼히 읽는다. 정보를 접하는 채널이 다양하지 않던 시절에 사람들이 신문을 보는 시간은 30분에서 1시간 정도였다. 속독의 개념과 방법을 몰라도 여러 가지 기사 가운데 필요한 내용만 골라서 본다. 책 한 권을 30분 만에 본다고 하면 대단하다고 한다. 신문을 30분 만에 보면 특별하다고 생각하지 않는다. 신문은 중요한 기사는 크게 다루고 제목과 키워드를 조합해서 기사 중간에 표시한다. 여러 면에 걸쳐서 게재된 기사는 앞부분에 요약이 있다. 이것만 읽으면 개요를 알 수 있다. 기사 앞부분에 중요한 내용, 뒷부분에는 자세한 설명과 전문가 견해를 배치한다. 기사 앞부분만 읽어도 내용을 어느 정도는 안다. 신문은 이런 구조로 편집하기 때문에 중요한 정보와 필요한 정보를 골라내기 수월하다.

종이 신문을 읽을 때 대부분 1면부터 끝까지 두세 번 반복해서 읽는다. 반복해서 읽는 이유는 자세히 읽을 기사를 찾기 위해서다. 처음 읽을 때는 신문을 한 장씩 넘기면서 대충 본다. 여기서 스키밍이 이루어진다. 필요한 내용, 흥미 있는 내용을 찾아서 훑어본다. 마지막 면까지 본 후에 다시 1면부터 읽는다. 스키밍할 때보다 페이지를 천천히 넘긴다. 흥미 있는 기사를 천천히 읽으면서 마지막 면까지 본다. 더 볼 게 없다고 생각되면 신문을 접어두고, 혹시 못 본 기사가 있는지 확인하려면 읽은 기사를 건너뛰면서 살펴본다. 중요하다고 생각하는 기사는 깊게 생각하면서 다시 읽는다. 세 번째 읽을 때 이전에 보지 못한 기사를 발견한다.

기존 속독법의 장점을 모아서 사이토식 속독법을 개발한 사이토 에이지는 빨리 읽으면서 내용을 이해하는 방법을 스키밍, 마킹, 다시 읽기로 단계를 나눠서 매체별로 정리했다.

빠르게 읽으면서 내용을 이해하려면 우선 전체를 훑어보면서 핵심이 어디 있는지 파악한다. 두 번째 읽을 때 핵심 위주로 읽고, 그런 다음 이해하면서 읽는다. 이렇게 세 단계를 거쳐야 한다. 글을 읽고 이해하는 책, 유인물, 보고서 등에는 무엇이 중요한지 알려주는 단서가 눈에 띄게 드러나 있다. 이 단서를 빨리 찾으면 한두 번만 읽고도 전체 내용을 파악할 수 있다. 책의 지은이, 보고서 작성자는 도입부에 전체 내용을 요약한 개요를 넣는다. 여기서 글을 쓴 목적과 어떤 사람을 대상으로 썼는지 등을 알려준다. 단원의 제목, 단락의 첫 문장을 집중해서 읽으면 핵심이 어디에 있는지 알 수 있다.

 문장을 훑어보는 데는 세 가지 요령이 있다. 첫째, 단락의 첫 문장과 마지막 문장은 꼼꼼히 읽는다. 개념을 설명하는 내용은 단락 앞에 나온다. 단락이 끝나는 부분에는 주요 항목을 한두 문장으로 요약하거나 결론을 제시한다. 중요한 내용을 강조하기 위해서 볼드나 밑줄로 표시하는 문헌도 있다. 둘째, 본문에 '세 종류', '다섯 가지 이유' 뒤에 첫째, 둘째, 셋째로 시작하는 구절이나 문장은 눈을 크게 뜨고 읽는다. 셋째, 표와 그래프, 이미지, 지도 등에 주의를 기울인다. 시각 자료를 넣어서 보여주는 데는 이유가 있다. 표, 그래프에서 가장 큰 값과 작은 값, 두 값의 차이, 차이가 발생한 이유를 생각하고 이미지, 지도는 별도로 표시한 부분을 반드시 확인한다. 별도로 표시한 부분이 없다면 이미지와 지도 아래 그림 설명을 읽는다.

 글에서 중요한 단서를 찾은 다음 단서를 중심으로 꼼꼼히 읽으면 내용을 예상하며 읽기 때문에 이해도가 높아진다.

지식의 양과 질을
비약적으로 향상시키는 읽기 방법

'희대의 독서가'라고 부르는 마쓰오카 세이코는 매일 밤 한 권의 독서 감상문을 쓴다. 마쓰오카 세이코는 여러 권의 책을 동시에 읽는 '다독술'로 유명하다. 그가 쓴 《독서의 신》에서 여러 가지 독서법을 자세하게 소개했다.

다독은 한 권의 책을 여러 번 읽거나 다양한 종류의 책을 많이 읽는 독서법이다. 소독은 몇 권의 책을 깊이 있게 읽는 방법으로 독서의 질을 중요시 한다. 조독은 마쓰오카 세이코가 만든 말로 두 권 이상의 책을 번갈아 읽는 방법이다. 정독은 단어의 뜻, 문장의 의미를 새기며 읽는 방법이다. 협독은 필요한 내용만 찔끔찔끔 읽는 방법, 광독은 저변을 넓혀가며 읽는 방법이다. 다독과 소독, 조독과 정독, 협독과 광독은 서로 상반되지만 모두 핵심을 읽는 방법이다. 마쓰오카 세이코는 서로 반대되는 읽기의 방법을 상호보완적으로 활용할 것을 권하면서 이렇게 말했다.

"그 사람이 무엇을 읽고 있는지는 알 수 있지만, 그 사람이 어떻게 읽고 있는지는 알 수 없다."

읽는 모습을 관찰해도 어떻게 읽는지는 알 수 없다. 읽는 양보다 읽는 방법이 중요하다. 1년에 백 권 읽기처럼 읽기를 양으로 측정하는 것도 의미가 있다. 하지만 책의 숫자에 매몰돼서 그저 많이 읽기만 한다면 독서의 효과를 볼 수 없다.

소설가 히라노 게이치로는 천천히 읽는 만독을 자기만의 독서법으로 만들었다. 그는 속독을 천박한 짓이라고 했다. 일류지성이라는 사람들이 수 년, 수십 년 동안 만든 명작을 한두 시간 또는 몇 시간 만에 듬성듬성 읽고 이해한다는 것이 말이 안 된다고 하면서 한 달에 백 권을 읽었다고 자랑하는 사람을 라면가게에서 십오 분 동안 다섯 그릇을 먹었다고 자랑하는 사람과 다를 바 없다고 했다.

빨리 읽는 것도, 천천히 읽으며 내용을 음미하는 것도 장점이 있다. 이런 독서법은 좋고 저런 독서법은 나쁜 게 아니라 각각의 독서법마다 장단점이 있다. 다양한 읽기 방법 가운데 글에 맞는 방법을 찾아서 적용하면 된다.

슬로우 리딩은 빨리, 많이 읽으려는 사람들에게 외면 받았다. 시간을 기준으로 보면 속독과 반대되는 개념이지만 실제로는 그렇지 않다. 읽는 시간으로 구분해서 속독은 짧은 시간에 많은 책을 읽는 방법, 슬로우 리딩은 의도적으로 느리게 읽는 방법으로 알려졌다. 하루에도 많은 양의 정보가 만들어지는 시대에 더 빨리 많은 정보를 얻어야 한다는 생각 때문에 속독이 유행했지만 지금은 상황이 바뀌었다. 최근에 '느리게 사는' 트렌드가 확산되면서 책도 느리게 읽는 사람들이 늘고 있다.

슬로우 리딩은 단순히 책을 천천히 읽는 게 아니다. 천천히 읽는 동안 다양한 활동을 하면서 책을 깊이 있게 읽는 방법이다. 책에 나온 대로 실행하고 모르는 내용을 찾아보면서 읽으면 수십 권의 책을 읽은 것과 같은 양의 지식을 쌓을 수 있다.

책의 치명적인 단점은 실천하시 않으면 아무 소용이 없다는 것이다. 머리로만 이해하고 실천하지 못하는 단점을 슬로우 리딩으로 해결할 수 있다. 책을 읽으면서 관련된 내용을 찾아보면 핵심을 찾아서 실천하는 데 도움이 된다. 과거에는 사전을 찾아보면서 이해했지만 요즘은 인터넷으로 검색하면 의미를 쉽게 이해할 뿐만 아니라 동영상으로 실천하는 방법까지 볼 수 있다.

슬로우 리딩은 천천히 읽으며 핵심을 찾는 읽기다. 책에 나온 내용을 하나씩 찾아보면서 작가, 시대 상황, 등장인물, 역사적 사건, 과학적인 원리 등을 이해하면 입체적인 읽기가 가능하다. 책에 나온 내용 외에 상당한 양의 정보를 얻고 깊이 사고하는 능력도 생긴다.

3

핵심 찾기

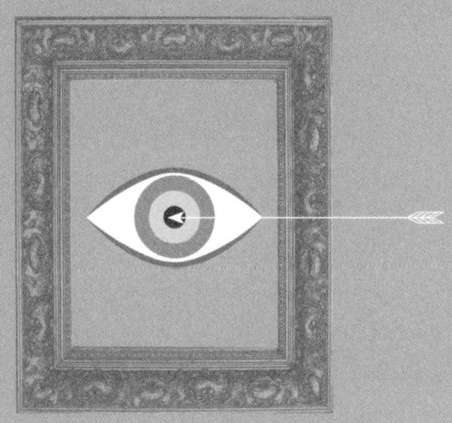

필요한 내용만 골라서
읽어야 하는 이유

프랑스 작가 마르셀 프루스트가 쓴 《잃어버린 시간을 찾아서》에는 주인공이 홍차에 적신 마들렌 조각에서 버터와 레몬 향을 맡고 과거의 기억을 떠올리는 내용이 나온다. 주인공은 홍차에 적신 마들렌을 먹은 느낌을 '전율' '희열' '기쁨'이라고 표현하면서 어린 시절을 떠올린다.

"그 맛은 내가 콩브레에서 일요일 아침마다 레오니 아주머니 방으로 아침 인사를 하러 갈 때면, 아주머니가 곧장 홍차나 보리수차에 적셔서 주던 마들렌 과자 조각의 맛이었다."

주인공은 마들렌의 향기가 뇌에 정보로 축적되어 시간이 한참 지난 후에 같은 향기를 맡았을 때 그 당시의 기억을 떠올렸다. 이 소설 때문에 후각으로 입수한 정보를 통해서 기억을 떠올리는 현상을 '프루스트 현상Proust phenomenon' 또는 '마들렌 효과'라고 한다.

《잃어버린 시간을 찾아서》의 원서는 총 7편이고 수천 페이지 분량이다. 우리나라에는 여러 출판사에서 번역해서 출간했다. 한국어로 처음 번역된 판본은 1954년에 출간되었고, 현재 판매중인 책 가운데 프루스트의 문장을 잘 살려서 번역했다고 평가하는 책은 민음사에서 6권, 4천여 페이지로 펴낸 완역본이다. 이 책을 읽은 사람 중에 4천여 페이지의 완역본을 읽은 사람은 극소수다. 대부분 내용을 압축해서 한 권으로 읽을 수 있게 만든 책을 읽었다.

소설을 즐겨 읽지 않는 나도 고전 중의 고전이라는 《잃어버린 시간을 찾아서》를 읽으려고 시도한 적이 있다. 물론 끝까지 읽지 못했다. 이 책을 어디까지 읽었느냐가 중요하다. 나는 프루스트 현상으로 유명한 홍차에 적신 마들렌이 나오는 부분까지 읽었다. 이 소설에서 가장 유명한 내용인 홍차에 적신 마들렌 이야기는 1편 83쪽에 나온다. 여기서부터 주인공이 콩브레에서 있었던 일을 회상하는 이야기가 본격적으로 시작된다. 그런데 나만 여기까지 읽은 게 아니다. 《잃어버린 시간을 찾아서》를 읽은 사람들 가운데 상당수가 홍차에 적신 마들렌이 나오는 부분까지 읽고 책을 덮었다고 한다. 주인공이 떠올린 기억은 주요 관심사가 아니다. 프루스트 현상을 보여주는 문장이 나오는 부분까지 읽은 것이다.

작가의 의도, 책의 내용과 상관없이 많은 사람이 인식하는 이 책의 핵심은 프루스트 현상이다. 만약, 많은 사람에게 알려진 내용이 소설의 마지막에 나온다면, 끝까지 읽은 사람이 지금보다는 훨씬 많았을지도 모른다. 읽기에 관한 법칙 가운데 '스터전의 법칙'이 있다. 이 법칙이 탄생한 배경에서 핵심만 읽어야 하는 이유를 찾을 수 있다. 1950년대, 문학 비평가들은 미국 과학 소설을 문학의 범주에서 벗어나 있다는 이유로 폄하했었다. 이해할 수 없는 내용이라고 비꼬며 문학적 가치가 없는 작품이라고 무시했다. 비평가들이 자기 소설을 무시하는데 화가 난 스터전은 너무 높은 기준으로 작품을 평가한다고 불만을 제기했다. 그는 어떤 장르건 대부분의 작품은 수준이 낮으며 당시에 문학적으로 완성도가 높다고 평가된 작품도 예외가 아니라고 했다. 그러면서 스터전은 이렇게 말했다.

"모든 글의 90퍼센트는 쓰레기예요."

그가 했던 말을 계기로 공상 과학 소설가 시어도어 스터전의 이름을 따서 스터전의 법칙으로 불린다. 미국의 철학자 다니엘 데닛도 "물리학이건, 화학이건, 사회학이건, 음악이건, 락음악이건, 컨트리음악이건 모두 마찬가지다. 모든 것의 90퍼센트는 쓰레기다"라고 했다. 시어도어 스터전과 다니엘 데닛의 주장이 너무 심하다고 생각할 수도 있다. 이런 주장을 조금 순화해서 표현한 것이 80대 20법칙이다. 10 또는 20퍼센트라는 숫자는 중요하지 않다. 그 많은 정보 사이에서 핵심은 아주 조금이며 그 핵심을 가려내야 한다는 사실이 중요하다.

모든 글의 90퍼센트가 쓰레기라면 읽을 만한 글은 10퍼센트뿐이다.

아무리 화가 났어도 90퍼센트가 쓰레기라고 한 스터전이 너무했다고 말하는 사람도 있다. 하지만 인터넷에서 자료를 찾아서 읽다보면 90퍼센트가 쓰레기라는 말에 충분히 공감한다. 90퍼센트가 쓰레기든 아니든 핵심은 전체 내용 가운데 아주 조금이다. 그래서 '핵심'이다. 무엇을 읽든 가장 중심이 되는 부분, 즉 핵심을 찾는 능력을 키워야 한다. 학생은 공부하기 위해서 읽을 게 많다. 직장인은 업무 상 필요에 의해서 많은 자료를 빠르게 읽어야 한다. 주부도 생활 정보를 빨리 읽어내야 보다 나은 삶을 살 수 있다. 나이가 들어도 핵심을 읽는 능력은 필요하다. 건강 정보, 각종 지원 정보를 빨리 읽고 신청해야 사회에서 제공하는 혜택을 받을 수 있다. 결국 남녀노소를 불문하고 핵심을 찾는 능력을 키워야 한다. 문제는 읽어야 하는 자료가 너무 많다는 데 있다. 그 많은 자료를 다 읽을 시간이 없다. 결국, 우리는 핵심만 골라내서 읽는 방법을 터득해야 한다.

필요한 내용, 즉 핵심만 골라 읽는 방법은 네 가지다.

첫째, 전문가 의견을 먼저 살펴본다. 기사나 자료를 검색하면 큰따옴표로 표시한 문장이 들어간 단락에 전문가 의견이 있다. 자료를 처음부터 읽지 말고 먼저 전문가 의견을 읽는다. 전문가는 말 그대로 해당 분야에서 오랫동안 연구한 사람이다. 포털사이트에 묻고 답하기에서도 전문가가 쓴 글을 먼저 읽는다. 필요하다면, 방송이나 인터넷에서 상담해주는 전문가에게 메일 또는 메시지를 보내는 것도 좋다. 상담이나 자문을 해주는 전문가들은 수많은 질문에 답변을 했기 때문에 거의 모든 질문에 교과서적인 답변과 상황에 따라 적절한 의견과 조언을 제시한다. 전문가에게 질문하면 보다 쉽게 핵심을 파악할 수 있다.

둘째, 유명한 책 또는 다큐멘터리 동영상을 본다. 어떤 분야든지 그 분야에서 유명한 책이 있다. 쉽게 쓴 책도 있고 깊이 있게 쓴 책도 있다. 지식수준에 따라서 어떤 책을 볼지 결정하면 된다. 대략적인 내용과 핵심을 파악하기 위해서 읽는다면 한두 시간 안에 모든 내용을 읽어야 한다. 나는 책 마지막에 참고문헌을 정리한 페이지를 유심히 본다. 참고문헌에서 필요한 책을 골라낸다. 해당 분야의 다큐멘터리도 핵심을 파악하는데 유용하다. 디지털 네이티브라고 불리는 1990년대 성장기를 보낸 세대는 필요한 자료가 있으면 구글, 네이버 등의 검색 사이트가 아니라 유튜브에서 검색한다. 유튜브에는 방송국에서 만든 것처럼 높은 품질의 영상도 있고 전문가 수준의 일반인이 정보를 가공해서 올린 영상도 있다. 영상의 품질은 떨어져도 일반인이 올린 영상은 핵심을 파악하는 데 유용하다.

셋째, 최신 연구 자료와 최신 기사를 읽는다. 핵심도 시대에 따라 바뀐다. 가장 최근에 발표된 자료와 기사에서 핵심을 발견할 수 있다. 내용이 많은 기사도 20~30분 정도면 읽을 수 있다. 인터넷에서 열람할 수 있는 연구 자료는 30~50페이지를 넘지 않는다. 기사에서 인용한 책과 문헌, 연구 자료에서 전문가가 참고한 자료 중에는 중복되는 것이 있다. 중복되는 내용에 핵심이 있다고 해도 과언이 아니다.

넷째, 깊이 있는 자료를 찾아본다. 깊이 있는 자료는 대학·대학원에서 교재로 사용하는 책과 연구 논문을 말한다. 핵심을 파악하려는 목적이라면 대학 교재를 처음부터 끝까지 읽을 필요는 없다. 차례를 보고 필요한 부분만 찾아서 읽으면 된다. 논문은 제목과 초록만 보면 대강의 내용을 알 수 있다. 초록을 살펴보고 필요한 자료라고 생각되면 처음부터 끝까지 읽으면서 키워드를 정리한다.

핵심만 골라 읽는 네 가지 방법

방법	내용
전문가 의견을 먼저 읽는다.	이해하지 못한 내용, 질문은 전문가에게 메일, 메시지, 게시판을 이용해서 질문한다.
유명한 책, 다큐멘터리 동영상, 강연 영상을 본다.	지식수준에 맞춰서 쉽게 쓴 책, 전문적인 내용을 담은 책, 전문가의 강연 영상을 찾아본다.
최신 기사와 연구 자료를 읽는다.	책, 연구 자료, 보고서 등을 읽는다. 책, 연구 자료, 보고서에서 인용한 참고문헌을 찾아본다. 여러 종류의 문헌에서 공통으로 강조하는 내용이 핵심이다.
깊이 있는 자료를 찾아본다.	대학 교재, 논문, 연구 자료에서 필요한 내용을 읽는다

이상의 네 가지 방법을 실천하면, 무수히 많은 정보와 자료 속에서 시간을 낭비하지 않고도 핵심을 찾을 수 있다.

빨리 많이 읽기보다 핵심 읽기를 실천한다

핵심을 읽는 방법으로 효과가 입증된 것은 '반복 읽기'다. 글을 읽으면서 핵심을 찾으려면 최소한 두 번 이상 읽어야 한다. 한 번 읽어서 전체 내용을 파악하고 동시에 핵심까지 찾아내려면 다양한 분야의 배경지식이 필요하다. 글에서 핵심을 찾는 것은 사람을 여러 번 만나면서 알아가는 것과 비슷하다. 오늘 처음 만난 사람이 무엇을 좋아하는지, 말투는 어떤지, 어떤 사고방식을 가졌는지 단박에 알아낼 수는 없다. 하지만 두세 번 만나서 이야기하면 그 사람의 생각과 좋아하는 것과 싫어하는 것, 습관, 특징 등을 대충 알 수 있다.

나는 신입기자 시절, 관심 있는 주제는 취재와 기사 마감을 빨리 했다. 개인적으로 흥미가 없는 주제는 취재처를 찾는 데 시간이 오래 걸렸다. 자료에서 팩트를 읽어내는 데도 시간이 필요했다. 어떤 주제는 핵심을 빠르게 찾아내고 또 어떤 주제는 핵심을 늦게 찾아내는 게 주제에 관심이 있고 없고의 차이가 아니라는 것을 나중에 알게 되었다. 관심 있는 주제는 수집한 자료와 취재한 내용을 여러 번 읽었다. 집중하지 않고 읽어도 핵심이 눈에 들어왔다. 기사를 쓰면서 빠트린 내용, 오류는 없는지, 사실과 다르게 쓴 부분은 없는지 몇 번이고 반복해서 읽었다. 반면, 기사를 맡았지만 개인적으로 흥미를 느끼지 못한 주제는 자료에 손이 가지 않았다. 반복해서 읽기보다 하루, 이틀 날을 잡아서 수집한 자료와 인터뷰 녹취를 정리한 원고를 한두 번 정도, 맑은 정신에 집중해서 꼼꼼히 읽었다. 집중해서 꼼꼼히 읽으면서 취재노트에 정리했지만, 핵심을 정확히 짚어내지 못했다. 그래서 신입기자 시절에 어떤 기사는 잘 썼다는 칭찬을 받았고 또 어떤 기사는 정리만 했다는 평가를 받았다. 여러 분야의 배경지식을 충분히 쌓기 전까지 내가 쓴 기사의 질은 기복이 심했다.

글, 그림, 영상에서 핵심을 찾기 위해서 절대적으로 필요한 요소는 '기억'이다. 전후 내용, 즉 맥락을 파악하고 읽어야 핵심이 눈에 들어온다. 10페이지 정도의 글, 수백 페이지의 책도 마찬가지다. 처음에는 페이지를 넘기며 큰 글자와 눈에 들어오는 내용만 읽는다. 두 번째 읽을 때는 처음보다 약간 천천히 읽으면서 필요한 내용을 골라내듯 읽고, 세 번째 읽을 때 핵심이라고 생각한 내용을 꼼꼼히 읽는다. 세 번 읽으면 수십 페이지의 자료든 두꺼운 책이든 상관없이 핵심이 기억에 남는다.

기억력을 설명할 때, 에빙하우스의 망각 곡선이 자주 나온다.

"학습한 지 20분 후에 공부한 내용의 42퍼센트가 기억에서 사라지고 1시간 후에 56퍼센트, 하루가 지나면 74퍼센트를 잊는다."

이것이 망각 곡선의 핵심이다. 하루 정도 시간이 지나면 학습한 내용 가운데 3/4을 잊는다. 기억에 남는 것은 1/4 정도다. 망각 곡선을 역으로 이용하기 위해서 학습한지 20분 후에 복습하고, 1시간 후에 다시 읽고, 하루 지나서 어제 학습한 내용을 복습하기를 권한다. 핵심을 읽으려면 집중해서 한 번만 읽기보다 대충 읽더라도 반복해서 읽어야 한다. 오랜 시간 집중해서 읽어도 한 번 읽어서는 핵심을 찾기 어렵다. 한두 번 읽고 핵심을 찾지 못하거나 이해하지 못해도 걱정할 필요는 없다. 한두 번 읽어서 이해하지 못한 내용도 뒷부분을 읽다가 앞에 내용을 이해하는 경우가 많다. 내용을 이해하면 핵심이 선명해진다. 핵심을 읽으려면 짧은 시간에 두세 번 반복해서 읽는 게 좋다. 기억에서 잊히기 전에 다시 읽고 또 읽는 것이다. 그러면 핵심이 저절로 눈에 들어온다.

영상 콘텐츠도 마찬가지다. 한 번만 봐서는 이해해서 기억에 남기기 어렵다. 처음에는 대충 본다. 단, 처음부터 끝까지 본다. 그런 다음, 한 시간 정도 지나서 다시 본다. 다음날 세 번째로 보면 어제 보이지 않았던 장면이 보인다. 어려운 내용도 이해가 된다. 한 번에 완벽하게 읽는 것보다 시간을 두고 반복해서 읽는 것이 핵심을 찾는 비법이다.

어려운 책은 쉽게 쓴 책으로 읽는다

2018년에 작고한 세계적인 물리학자 스티븐 호킹은 아인슈타인 이래 전 세계가 인정하는 가장 뛰어난 물리학자다. 그가 쓴 책 중에 《시간의 역사》가 있다. 원제는 《A brief history of time : from the big bang to black holes》이다. 나는 1992년에 우리나라에 번역해서 나온, 표지에 한자로 '時間의 歷史'라고 쓰인 책을 가지고 있다.

이 책의 1장 우리의 우주관에 이런 내용이 나온다.

"케플러의 경우 타원 궤도란 특별한 가정에 지나지 않았고, 타원이 원보다 덜 완벽한 도형이므로 어쩌면 반발을 느끼게 하는 가정이었다.

그는 타원 궤도가 관측과 잘 들어맞는 것을 거의 우연하게 발견하였는데, 이것을 행성이 자기력磁氣力에 의해 태양 둘레를 돌고 있다는 그의 생각과 타협지을 수는 없었다."

내가 가지고 있는 《시간의 역사》는 294페이지로 두껍지 않다. 다만, 요즘 책과 비교해서 줄 간격이 좁고 글자 크기가 작다. 이 책을 지금 편집해서 출간한다면 적어도 400페이지는 넘을 것이다.

세계적인 물리학자가 빅뱅부터 블랙홀에 적용되는 시간의 개념을 설명했다는 것이 이 책의 핵심이다. 영화 〈인터스텔라〉에서 차원이 다른 우주의 행성은 지구와 다른 시간 개념이 적용된다는 것도 이 책을 보면 어느 정도는 이해할 수 있다.

스티븐 호킹의 이름을 딴 호킹지수HI, Hawking Index라는 게 있다. 책을 산 독자가 실제로 책을 읽었는지 따져보는 수치다. 책을 끝까지 읽는 것을 완독이라고 한다. 호킹지수는 '완독률'을 나타낸다. 전체 분량을 100이라고 가정했을 때 독자가 실제로 읽은 비율을 계산한 것이다. 100페이지 분량의 책을 30페이지까지 읽었다면 호킹지수는 30이다. 완독률로 표현하면 30퍼센트다. 수치가 낮을수록 책을 조금 읽은 것이다. 스티븐 호킹이 쓴 《시간의 역사》는 판매량으로 보면 세계적으로 1천만 부 이상 판매됐다. 세계적인 베스트셀러인 이 책의 호킹지수가 6.6이다. 전체 294페이지의 6.6퍼센트는 19.4페이지다. 《시간의 역사》를 구입한 독자 가운데 상당수가 20페이지를 넘지 못하고 이 책을 덮었다. 앞에서 《시간의 역사》 본문 첫 단락을 인용했는데 다시 읽어보기 바란다. 심오한 뜻이 얼마나 이해되는지 궁금하다.

《시간의 역사》보다 호킹지수가 더 낮은 책이 있다. 토마 피케티의《21세기 자본》이다. 이 책의 호킹지수는 2.4다. 매우 낮다. 2014년에 우리나라에 출간된《21세기 자본》는 820페이지다. 호킹지수를 적용하면 이 책을 구입한 독자는 실제로 19.7페이지까지 읽었다. 호킹지수가 가장 높은 책은 도나 타트의 소설《황금 방울새 The Goldfinch》로 98.5다. 호킹지수로 보면 이 책을 펼친 대부분의 독자가 끝까지 읽었다.

호킹지수와 관계없이 필요한 부분만 발췌해서 읽는 사람도 있고, 어려운 책은 처음부터 쳐다보지도 않는 사람이 많다. 이런 현상은 시대의 흐름이다.《시간의 역사》,《21세기 자본》처럼 교양 도서는 꼭 읽어야 한다. 읽으면 어떤 형태로든 삶에 도움이 된다. 출판사는 어려운 책을 쉽게 이해할 수 있게 다시 써서 출간한다.《시간의 역사》는 2006년에《짧고 쉽게 쓴 '시간의 역사'》라는 제목으로 출간되었다. 어려운 내용을 삭제하고 우주론과 물질세계를 이해하는 방식, 스티븐 호킹의 철학 등을 담았다.《청소년을 위한 시간의 역사》도 있다.《시간의 역사》를 출간한 후에 스티븐 호킹이 케임브리지대학에서 청소년과 일반인을 대상으로 7번의 우주물리학 강의 내용을 모아서 엮었다. 일반 대중의 눈높이에 맞춰서 강연했기 때문에 전문적이거나 난해하지 않아서 우리나라에는 제목에 '청소년을 위한'이 붙어서 나왔다.

토마 피케티의《21세기 자본》도 쉽게 쓴 책이 여러 종류 있다. 대표적으로《최진기와 함께 읽는 21세기 자본》은 인문, 경제, 재테크 등의 이론을 실생활에 적용해서 설명하는 최진기 강사가 이해하기 쉽게 썼다. 주류 경제학에서 탈피해서 분배와 평등을 취업난, 조기퇴직, 구조조정, 전세대란처럼 생활에 적용해서 설명하기 때문에 호킹지수는 틀림없이 2.4보다 높을 것이다. 《피케티의 21세기 자본 만화로 완전 정복》도 토마 피케티의 연구를 만화로 풀어냈다. 일본 게이오대학 경제학부 후지타 야스노리 교수와 작가와 무라카미 유이치 작가가 《21세기 자본》의 핵심 개념을 만화로 정리한 책을 우리나라에서 번역 출간했다.

　이렇게 쉽게 쓴 책으로 개념을 이해하고 원전을 보는 것도 효과적인 읽기다. 필독서 목록에 있지만 실제로 읽으려면 엄두가 안 나는 고전, 명작이 있다. 고전이라 불리는 책은 그 책을 제대로 읽은 사람 인생에 많은 영향을 준다. 그래서 오랜 세월 동안 많은 사람들에게 높이 평가된다. 하지만 어려운 원전을 제대로 이해하며 읽기는 쉽지 않다. 호킹지수가 보여주는 것처럼 어려운 책을 끝까지 읽기란 굉장히 어렵다. 반드시 읽어야 한다는 강박 때문에 제대로 이해하지 못하면서 어려운 책을 읽을 필요는 없다. 처음에는 쉬운 책으로 시작해서 지식을 쌓고 어려운 책을 이해할 수 있을 만큼 지적으로 성장했다면 그때 고전을 읽어도 늦지 않다. 쉬운 책만 읽으면 사고의 폭이 좁아진다는 주장도 있지만 이해하지 못하면서 계속 읽는 것도 못할 짓이다. 어려운 책 읽기를 고집하다가 독서, 더 나아가 읽는 행위 자체를 안 하는 것보다 쉬운 책을 읽으면서 핵심을 파악하는 능력을 키우는 편이 낫다. 쉬운 책으로 기초를 다지고 이해하며 읽기를 목표로 고전을 완독해야 의미가 있다.

그 많은 책을 다 읽을 수는 없다

독서량이 줄어든다는 뉴스가 해가 바뀔 때마다 나온다. 1년마다 통계를 내기 때문이다. 한 해 동안 읽은 책의 숫자로 독서량 통계를 낸다. 성인이 한 해 동안 한 권도 책을 읽지 않는다는 자료를 보여주면서 앞으로가 더 걱정이라는 뉴스가 종종 보도된다. 책 말고도 지식을 얻을 수 있는 매체가 늘어났음에도 여전히 독서량으로만 통계를 낸다. 시간이 갈수록 재미있는 콘텐츠가 늘어나는 데 책을 읽지 않는 건 당연하다. 독서량이 줄어든다는 통계를 보고 걱정만 하는 건 의미가 없다.

그렇다면 책을 많이 읽는 사람은 얼마나 많이 읽는지 궁금하다. 독서

광으로 유명한 사람이 몇 명 있다. 나폴레옹은 말 위에서 책을 읽고 전쟁터에서도 새로 나온 책을 공수해서 읽었다는 일화가 있다. 그는 평생 8천여 권을 읽었다고 전해진다. 산술적으로 하루에 한 권씩, 22년 동안 읽어야 8천 권이 넘는다. 칼 폰 클라우제비츠는 《전쟁론》에 나폴레옹의 전술이 책에서 나왔다고 했다. 책을 많이 읽은 인물로 러시아의 과학자 류비셰프가 있다. 《시간을 정복한 남자, 류비셰프》에서 그는 일 분, 일 초를 허투루 쓰지 않은 사람으로 묘사된다. 류비셰프는 오랜 기간 출장을 가게 되면, 출장을 가는 곳으로 미리 책을 보내 두었다. 평상시에도 그의 가방에는 언제나 두꺼운 책 한 권, 얇은 책 한 권이 들어 있었다. 버스에서 서서 갈 경우에 얇은 책을 보고, 앉아서 갈 경우에 두꺼운 책을 보기 위해서다. 류비셰프의 '수직 독서'와 '수평 독서'도 널리 알려졌다. 수직 독서는 깊이 있게 파고드는 읽기이고 수평 독서는 사고의 폭을 넓히는 읽기다. 그는 머리가 맑은 아침에는 전공 분야의 책을 집중해서 읽는 수직 독서를 했고 잠깐 틈이 나거나 피곤할 때는 머리를 식히기 위해서 쉬운 책을 읽는 수평 독서를 했다.[1]

  독서를 주제로 책을 쓰고 강연하는 사람 중에는 독서량이 줄어든다는 통계가 무색할 정도로 엄청난 독서량을 자랑하는 사람이 있다. 류비셰프처럼 시간을 철저하게 관리해서 여러 분야에서 수많은 업적을 남긴 인물도 있지만 보통 사람이 이렇게 읽기는 불가능에 가깝다. 책을 많이 읽으면 유익하다는 데 반대하는 사람은 없다. 머리로는 책을 읽어야 한다고 알고 있지만 몸이 따라주지 않는 게 문제다. 책을 많이 읽는 사람은 도대체 시간이 어디서 생겨서 그 많은 책을 읽는지 궁금하다.

인터넷 서점 MD 경력을 가진 윤성화 작가는 《1만 페이지 독서력》에서 1년에 1만 페이지 읽기를 목표로 독서 계획을 세우라고 했다. 보통의 교양서적은 300페이지를 넘지 않는다. 단순하게 계산해서 1년에 1만 페이지를 읽으려면 33권을 읽어야 한다. 1년에 33권을 읽으려면 한 달에 세 권을 읽어야 한다. 300페이지 분량의 책을 열흘에 한 권 읽으려면 하루에 30페이지를 읽으면 된다. 조금만 노력하면 하루에 30페이지를 읽는 건 어렵지 않다. 여기까지는 1만 페이지를 1년에 읽는다는 목표를 이루기 위한 산술적인 계산이다.

윤성화 작가는 1만 페이지 독서의 핵심을 페이지 단위 읽기라고 했다. 처음부터 끝까지 읽어야 하는 소설, 문학 작품을 제외하고 책에서 필요한 내용만 골라서 읽어도 된다. 한 권을 모두 읽어야 핵심을 알 수 있는 게 아니라는 사실을 베스트셀러 《아웃라이어》를 예로 들어 설명했다. 《아웃라이어》의 핵심은 '1만 시간의 법칙'이다. 1만 시간 법칙을 설명하기 위해서 제시한 사례로 흥미로운 내용은 4장에 나오는 IQ 195의 랭건 이야기다. 하지만 랭건 이야기는 100페이지 이후에 나온다. 이 책을 처음부터 끝까지 읽은 사람 가운데 랭건 이야기를 기억하는 사람은 거의 없다. 읽을 때는 흥미로운 사례지만 기억에 남지 않는다. 핵심이 아니기 때문이다.[2]

책 한 권을 다 읽어도 기억에 남는 내용이나 문장은 그리 많지 않다. 몇 년 지나서 그 책을 읽었는지 조차 기억나지 않을 때가 많다. 읽은 책을 기록하는 모바일 서평 앱이 많다. 책을 꾸준히, 많이 읽는 사람들이 서평 앱을 이용한다. 사용자가 많은 서평 앱의 사용 후기에는 이런 내용이 종종 올라온다.

"4년 전에 읽은 책을 또 읽고 나서 앱에 책 제목을 등록했더니 이전에 읽은 책이라는 알림이 나왔다. 재미있어서 전에 읽었던 책인지도 몰랐다."

책을 많이 읽는 사람은 다른 읽을거리도 많이 읽는다. 반대로 책을 읽지 않는 사람은 뉴스, SNS에 올라온 글을 대충 보고 다 안다고 생각한다. 인터넷 검색으로도 정보를 얻기에 충분하다고 말한다.

최신 기사와 자료를 인용해서 자기 의견을 말하면 지식이 많은 것처럼 보이다. 책, 기사, 뉴스, SNS 모두 읽을거리다. 정보 습득, 학습, 공유, 공감 등을 목적으로 무언가를 읽을 때 핵심을 파악하지 않고 피상적으로만 읽으면 제대로 '읽었다'라고 할 수 없다. 핵심을 읽지 못해도 사람들은 아는 척하면서 정보를 공유하고 다른 사람의 의견을 자기 의견인 양 말한다. 신문 기사 제목과 몇 줄만 대충 훑어보고는 그 기사를 SNS에 올린다. 제대로 읽지 않았지만 자기 의견을 몇 줄 적는다. 이런 행동으로 다른 사람들이 자신을 똑똑하고 넓은 인맥을 가진 사람으로 생각해 주기를 바란다. 때문에 제대로 읽지도 않고 SNS에 글을 올린다. 예일 대학의 심리학 연구팀은 이런 현상을 '아웃소싱한 지식을 내부 지식으로 착각하는 것'이라고 했다.[3]

인터넷에서 뉴스를 검색해서 보는 사람들은 기사를 제대로 읽지 않는다. 필요에 의해서 검색한 기사도 제대로 읽지 않는다. 제목과 첫 단락만 읽고 댓글을 보거나 다른 기사를 클릭한다. 런던대학 연구팀은 인터넷 사용자가 전통적인 의미에서의 읽기가 아니라 새로운 형식의 '읽기'를 한다고 했다. 인터넷 사용자는 새로운 정보를 신속하게 얻어서 훑어볼 뿐, 요약을 하거나 기억에 남기기 위해서 어떤 노력도 하지 않는다. 전통적인 의미에서는 배우고 익히기 위해서 읽지만 인터넷에서 읽기는 자기 생각과 믿음을 확인하는 행위에 불과하다. 한두 단락을 훑어보기만 하고 다 안다고 생각하는 사람은 책처럼 긴 글을 제대로 읽지 못한다. 과거에는 읽었는지 몰라도 지금은 제대로 읽지 못하는 게 분명하다.

독서법에 관한 책을 여러 권 쓰고 강연하는 김병완 대표는 《1시간에 1권 퀀텀독서법》에서 "보이는 것을 읽는 게 아니라 생각하는 것을 읽는다."라고 했다.

우리나라 국립중앙도서관은 2015년에 장서 1,000만 권을 돌파했다. 세계에서 15번째로 장서 1,000만 권을 보유한 도서관이 되었다고 매체에서 보도했다. 지금은 1,000만 권보다 늘었을 것이다. 이렇게 많은 책을 다 읽기란 불가능하다. 공부, 시험, 일, 보고서 작성 등을 위해서 반드시 읽어야 하는 책과 자료가 있다. 이런 상황에서 핵심 읽기는 지식사회에서 살아가기 위해서 반드시 습득해야 하는 능력이다.

방대한 분량의 책과 문서에서 짧은 시간에 핵심을 찾아 읽으려면 두 가지 읽기 습관을 버려야 한다. 첫째, 속으로 읽는 습관이다. 내용을 곱

씹으며 읽기 위해서 천천히 읽는 게 아닌데 빨리 읽지 못하는 이유는 속으로 발음하기 때문이다. 속발음을 묵독이라고 한다. 실제로 소리를 내지 않지만 눈으로 본 글자를 입으로 발음하며 읽는 사람이 많다. 둘째, 한 글자씩 읽는 습관이다. 어릴 때 책 읽기 습관을 들이려고 한 글자씩 손으로 짚어가면서 읽었다면, 성인이 된 후에도 한 글자씩 읽을 확률이 높다. 이렇게 읽으면 눈과 뇌는 심한 피로를 느낀다. 뇌가 피로를 느끼면 졸음이 온다. 책을 읽으면 잠이 온다고 말하는 사람은 대부분 한 글자씩 읽는 습관을 가진 경우가 많다.

  속으로 읽는 습관과 한 글자씩 읽는 습관만 버리면, 읽는 속도가 빨라진다. 빨리 읽으면 많이 읽을 수 있고 핵심을 찾기도 수월하다. 읽기의 가치를 극대화하려면 책의 숫자에 집착하지 말고 얼마나 많은 정보를 얼마나 깊게 이해했느냐가 중요하다. 읽기의 본질은 글자의 해독이 아니라 핵심을 찾아서 이해하고 지식으로 만드는 과정임을 기억하기 바란다.

시카고대학 고전 100권 읽기

　우리나라 대학 입시 학생부 종합전형 항목 중에 독서 활동이 있다. 대학에서는 독서 활동을 학생을 평가하는 하나의 기준으로 활용한다. 우리나라에서 독서 활동으로 학생을 평가하게 된 것은 그리 오래되지 않았다.

　미국 대학은 입학 자격을 심사할 때 오래 전부터 독서 활동을 물었다. 입학 자격 심사 면접에서 가장 자주 하는 질문은 다음 두 가지다.

"어떤 책을 읽었나요?"

"가장 감명 깊게 읽은 책에서 기억하는 구절은 무엇인가요?"

학생은 읽은 책 제목과 인상 깊게 읽은 구절이나 내용을 기억해야 질문에 대답할 수 있다. 독서 활동에 기록하려고 책을 한 번만 대충 읽으면 나중에 책 제목도 기억나지 않고 책의 구절은 더더욱 말할 수 없다. 중·고등학교 때 미국으로 유학 간 우리나라 학생들이 대학입학에 필요한 시험을 준비하는 것 외에 가장 많은 시간을 할애하는 것이 독서다. 고등학교를 우리나라에서 졸업하고 미국 대학에 입학한 학생들이 가장 어렵게 생각하는 부분이 책 읽기다. 책을 읽은 후에 단순히 독서감상문을 기록하고 끝내는 우리나라와 달리 필요한 책을 찾아서 읽고 공부하는 방식 때문에 적응하는 데 오랜 시간이 걸린다. 우리나라 대학도 마찬가지다. 대학에 입학한 후에도 필요한 책을 찾아서 읽기보다 중·고등학교에서 했던 것처럼 교수가 가르쳐주는 내용을 받아 적는 데 열중한다. 하지만 미국에서 대학을 다닌 학생들은 다르다. 교수와 학생이 토론하고 서로 다른 생각을 말하고 다른 사람의 생각을 수용하면서 새로운 지식이 생긴다고 생각한다.

미국 대학의 수업이 우리나라와 다른 것은 두 가지다. 첫째, 책을 읽고 토론하는 수업과 둘째, 다양한 주제의 에세이와 리포트를 쓰는 것이다. 학과 공부에 필요한 수십 권의 책 중에서 일주일 동안 10권을 골라서 읽고 자기 생각을 써서 리포트를 제출하는 과제가 수시로 나온다. 학생마다 다른 주제를 정해서 자기 생각을 논리적인 글로 쓰는 과제도 있다. 수강하는 과목이 열 개라면 절반 이상은 이런 과제를 해야 한다. 리포트·에세이 쓰기와 토론 수업을 제대로 하려면 특정 주제의 책을 10권 이상 읽고 자기만의 논리와 지식을 만들어야 한다. 일주일 또는 한 달 동안 10권의 책을 읽고 자기 생각을 말하고 리포트를 쓰려면 짧은 시간에 책 내용을 구조화하는 방법을 터득해야 한다. 구조화는 서로 관계있는 항목을 연결하고 순서를 정해서 배치하는 과정이다. 책을 읽고 구조화하면 다른 사람에게 내용을 전달하기 쉽다. 구조화하지 않으면 핵심을 제대로 전달하기 어렵다. 구조화하는 방법으로 흐름에 따라 내용을 전개하기, 단계를 만들어서 정리하기, 비슷한 내용끼리 묶기, 시간의 흐름, 진행률, 인과관계에 따라서 내용을 배치하기 등이 있다.

우리나라 유학생은 이 과제 때문에 잠을 줄이며 책을 읽는다. 학과 공부에 필요한 수십 권의 책은 내용이 상당 부분 겹친다. 비슷한 주제의 책을 세 권 정도 제대로 읽고 내용을 구조화한 다음 핵심을 요약하면 수십 권을 읽는 것은 그리 어렵지 않다. 하지만 책을 고르는 방법과 읽는 순서, 구조화하는 방법, 핵심을 찾는 방법을 터득하지 못하면 책을 고르는 단계부터 난관이다.

미국 대학 중에서 독서로 학생의 능력을 키우는 프로그램을 가장 오래 진행한 곳은 시카고대학이다. 시카고대학 '그레이트 북스 프로그램'은 1929년부터 시작되었다. 90년의 역사를 가진 그레이트 북스 프로그램은 시카고대학 5대 총장 로버트 허친슨이 인문교양 교육의 중요성을 강조하며 만든 교육정책 '시카고 플랜'의 핵심이다.

시카고대학은 대부호 록펠러가 1800년대 말에 설립했다. 설립 초기에는 록펠러가 설립했다는 것 외에는 내세울 게 없었다. 교육 제도도 특이할 게 없는 유명하지 않은 대학이었다. 하지만 로버트 허친슨이 총장으로 부임해서 시카고 플랜의 일환으로 그레이트 북스 프로그램을 시행한 이후 시카고대학의 위상은 달라졌다. 위대한 고전 100권을 외울 정도로 읽지 않으면 졸업을 시키지 않는 교육정책 덕분이다. 교과 시험 성적과 출석보다 학생의 능력을 종합적으로 평가했다. 시카고 플랜에 따라 학생들은 100권의 고전을 외울 정도로 읽었다. 그러는 동안 시카고대학 학생들의 능력은 놀라울 정도로 향상되었다. 시카고대학은 지금까지도 이 교육정책을 유지하고 있다. 1929년에 시카고 플랜을 시행한 이후에 졸업생들이 받은 노벨상은 70개가 넘는다. 놀랄 만큼 대단한 시카고대학 교육정책의 성공을 이어가기 위해 시카고 주 정부는 '그레이트 북스'라는 재단을 설립해서 어린이부터 성인까지 수준에 맞는 고전을 읽고 토론하는 교육을 진행한다.

 책을 많이 읽는 사람은 그레이트 북스 프로그램을 알고 있다. 우리나라에도 그레이트 북스 프로그램에서 선정한 100권 읽기에 도전하는 사람들이 있다. 책을 즐겨 읽는 사람이라도 그레이트 북스 프로그램에서 소개하는 고전을 읽기는 어렵다. 유튜브에는 그레이트 북스 프로그램에 도전하며 읽은 책을 소개는 크리에이터가 있다. 대부분 10권을 채우지 못하고 포기하거나 독서 계획을 유보한다. 시카고대학을 졸업하려면 《미합중국독립선언서》와 《소크라테스의 변명》, 그리스 철학자가 쓴 고전과 아인슈타인의 《상대성원리》, 푸앵카레의 《과학과 가설》 등을 읽어야 한다.

  이런 책을 따라 읽는다고 해도 제대로 이해하며 읽는 사람이 몇이나 되겠는가. 내용이 어려울뿐만 아니라 우리나라 사람이 이해하기 어려운 책도 많다. 시카고대학의 그레이트 북스 프로그램이 위대하고 효과가 있는 건 사실이다. 하지만 제대로 이해하지 못하면서 어려운 책을 읽는 것은 바람직한 읽기가 아니다. 그레이트 북스 프로그램에서 정해놓은 책보다 고전 가운데 흥미있는 책, 이해할 수 있는 책부터 읽는 게 바른 읽기다.

하버드 클래식과 사례 연구법

시카고대학 그레이트 북스 프로그램처럼 하버드대학에는 '하버드 클래식'이라는 세계고전독서 프로그램이 있다. 1909년에 하버드대학 총장이었던 찰스 엘리엇이 세계고전문학을 선정해서 발표하면서 하버드 클래식이 시작되었다. 찰스 엘리엇은 하버드대학을 연구 중심의 종합대학으로 위상을 한 단계 올려놓은 인물이다.

찰스 엘리엇은 대학생뿐만 아니라 모든 사람에게 독서를 권장했다. 그가 "미국 중산층이 하루 15분 독서로 대학에서 교양 수업을 받는 효과를 내게 하자."라고 말하자 출판사 관계자는 그런 효과를 내는 책을 선정해 달라고 했다. 찰스 엘리엇은 하버드대학 영문학 교수 윌리엄 닐슨과 함께 1년 동안 150여 편의 작품을 골랐다. 출판사는 150여 편의 고전을 50권에 담아서 출간했다. 하버드 클래식은 그렇게 탄생했다. 책을 함께 선정한 윌리엄 닐슨 교수는 하버드 클래식 시리즈의 서문을 썼다. 이 시리즈에는 소설이 20편 이상 포함되어 있다. 시리즈가 출간된 이후 35만 세트 이상 판매되었으며 지금도 많은 사람이 읽는다.

하버드 클래식은 《하퍼스》의 편집자 크리스토퍼 베하가 쓴 《하버드 인문학 서재》에서 자세히 소개했다. 크리스토퍼 베하는 개인의 독서 연대기라고 소개했지만, 인문학 고전 읽기의 방향을 알려주기 때문에 '살아있는 독서기록'이라는 평가를 받는다. 하버드 클래식이 세상에 알려진 배경에는 하버드 경영대학원 수업이 있다. 하버드 경영대학원은 학생이 수업을 듣고 과제를 제출하고 시험을 본 결과로 성적을 매기지 않는다. 학생은 주제별로 책, 보고서, 연구자료 등을 읽으며 학습하고 이론과 실제의 차이를 연구한다. 이런 수업 방식을 '사례 연구법$^{case\ method}$'이라고 한다. 학생들은 실제로 일어난 경영의 문제를 자기가 알고 있는 지식과 이론을 적용해서 해결책을 찾고 다른 사람과 토론하며 더 나은 방법을 찾는다.[4]

사례 연구법으로 공부하기는 매우 어렵다. 이론을 배우고 몇 가지 사례에 이론을 적용해보는 수업이 아니라 하나의 문제를 해결하기 위해서 이론을 설명한 여러 종류의 책과 실제 기업 사례를 담은 보고서, 학자들이 쓴 연구 자료를 읽어야 하기 때문이다. 경영대학원 수업은 기업의 상태만 사실대로 보여주고 해석과 분석, 결론은 제시하지 않는다. 학생이 경영자의 시각에서 기업의 문제를 해결하는 방법을 찾아야 한다. 문제는 책과 자료를 읽을 시간이 부족하다는 점이다. 사례 연구법으로 진행하는 강의 계획서에는 수업 내용과 함께 참고 문헌이 정리되어 있다. MBA 최고 경영자 과정은 2주일 단위로 수업이 진행된다. 학생들이 경영학 이론과 문제해결 사례를 알고 있다는 전제하에 수업을 진행한다. 강의 계획서에 정리된 참고문헌을 미리 읽지 않으면 수업을 따라갈 수 없다. 참고문헌은 분량이 방대하다. 다음 강의까지 다 읽을 수 없는 양이다. 하지만 어떻게든 읽어야 한다. 학생들은 문장을 훑어보면서 필요한 정보를 읽어내는 능력을 키운다. MBA 과정을 수료한 사람이 실무에서 성과를 내는 이유는 사례 연구법으로 공부하면서 얻은 지식 때문이 아니다. 압도적으로 많은 양의 정보를 빠르게 읽고 선별해서 활용하는 능력 덕분에 탁월한 성과를 낸다.

하버드 경영대학원에서 사례 연구법으로 공부한 사람들은 핵심을 찾아서 필요한 정보만 읽고 그 내용을 이야기 형식으로 기억한다. 스토리텔링의 장점을 학습에 이용하는 것이다. 이론과 개념, 사례를 하나씩 조각난 정보로 학습하면 기억하기 어렵다. 조각난 정보는 금세 기억에서 사라진다. 머릿속에서 정보와 정보가 연결되어 네트워크를 이루어야 하나를 기억하면 꼬리에 꼬리를 물고 순차적으로 기억이 난다. 실제로 일어난 사례는 이야기로 정리할 수 있다. 사례의 핵심과 연관되는 이론과 개념, 문제해결 방법론 등을 연결하면 그 내용은 오랫동안 기억에 남는다.

　비즈니스 스쿨에서 토론 방식으로 진행하는 수업에 참여하기 위해서 학생들은 자기만의 요약본을 만든다. 요약본을 노트 필기라고 생각하면 곤란하다. 참고 자료가 너무 많아서 중요한 내용만 노트에 필기하려고 해도 그 분량이 수십 페이지로 늘어난다. 노트에 필기를 시작하면 깔끔하게 정리하고 싶은 마음이 생긴다. 그 때문에 노트 필기가 수단이 아니라 목적이 된다. 요약본은 기억의 실마리가 되는 키워드만 적는다. 가능하면 한 페이지로 정리하는 게 좋다. 한 페이지로 정리한 요약본만 보면 학습한 내용이 기억나도록 정리한다.

　사례 연구법의 학습 목표는 이론, 방법론 등의 지식을 얻는 게 아니라 실제로 이론과 방법론을 사용해서 문제를 해결하는 데 있다. 누가 더 많이 읽었느냐 보나 읽은 내용을 얼마나 이해하고 활용했느냐가 중요하다.

끝까지 읽어야 한다 vs
필요한 부분만 읽어도 된다

표지, 뒤표지, 머리말, 차례, 맺음말을 순서대로 본 다음 책을 본격적으로 읽는다. 이렇게 읽으라는 지침을 수도 없이 많이 들었다. 이 지침은 책을 읽기 전에 치르는 일종의 의식처럼 느껴진다. 머리말, 차례, 맺음말을 읽고 전체 내용을 파악한 다음 책을 계속 읽을지 판단하라는 의미인데, 왠지 첫 페이지부터 마지막 페이지까지 읽으라는 의미로 들린다.

책의 첫 페이지부터 마지막 페이지까지 읽어야 한다는 생각이 책을 멀리하게 만드는 원인이 되기도 한다. 이런 생각이 굳어지면 책을 읽지 않는다. 끝까지 읽지 못할 바에는 차라리 읽지 않는 것이다. 그러면 읽는 습관이 들지 않아서 책뿐만 아니라 모든 종류의 읽기가 어색하다. 굳이 글을 읽지 않아도 정보를 얻는 채널은 많다. 결국, 책이나 글을 읽을 필요를 느끼지 못한다. 이런 악순환이 반복하면서 읽지 않는 습관이 몸에 밴다.

나는 페이지를 넘기다가 관심 있는 내용이 나오면 잠시 집중해서 읽는다. 관심 있는 내용을 발견하지 못하면 다른 책을 본다. 관심이 없는 책을 학습을 위해서 억지로 읽으면 오히려 주체적인 읽기 습관을 들이지 못한다. 책을 처음부터 끝까지 읽어야 한다고 주장하는 사람도 있고 필요한 부분만 읽어도 된다고 말하는 사람도 있다. 각각의 주장은 모두 일리가 있다. 인류학자 우메사오 다다오는 처음부터 끝까지 읽은 책과 일부만 본 책을 구분한다. 《지적 생산의 기술》에서 책을 읽는 방법은 사람마다 다를 수 있지만 기본적인 바탕은 다를 수 없다고 하면서 처음부터 끝까지 읽어야 한다고 했다. 왜냐하면 이렇게 읽어야 글쓴이의 생각을 확실히 이해할 수 있는 기본 조건을 갖추기 때문이다.

   글쓴이는 책을 쓸 때 전체적인 구상을 하고 문맥의 위치를 정하기 때문에 전체를 읽어야 글쓴이의 생각을 이해할 수 있다. 시간을 때우려고 읽는다면 상관없지만 지식을 얻기 위해 읽는다면 내용과 글쓴이의 생각을 정확히 이해해야 한다. 정확히 이해하려면 책을 전부 읽어야 한다. 하지만 우메사오 다다오도 모든 책을 처음부터 끝까지 읽는 건 아니다. 그는 처음부터 끝까지 읽은 책만 '읽었다'라고 말한다. 일부분만 읽은 책은 '보았다'라고 한다. '보았다'라고 말하는 책은 작가의 의도를 파악하지 못했기 때문에 평가를 하지도 않는다. 그는 대충 훑어보고 다 안다고 생각하는 것을 경계하려고 읽은 책과 본 책으로 구분한다.

《레버리지 리딩》을 쓴 혼다 나오유키는 '처음부터 끝까지 읽지 않아도 된다'라는 가르침을 책 전반에 걸쳐서 설명했다. 이 책은 읽는 목적을 확실히 정하고 투자의 개념으로 읽는 방법을 소개한다. 책 읽기에 투자 개념을 넣기 때문에 필요한 부분만 읽고 실천해서 큰 성과를 얻는 데 초점을 맞추고 있다. 혼다 나오유키는 교양을 쌓는 읽기보다 실천하기 위한 읽기를 권한다. 여러 사람이 보는 책이나 입소문이 난 책을 고르지 말고 서평을 참고해서 꼭 필요한 책을 사서 너덜너덜해질 때까지 읽으라고 권한다.

중요한 것은 많이 읽는 게 아니다. 읽은 내용을 메모하고 익혀서 실천하는 것이다. 책을 읽고 배운 내용을 실천해서 100배의 이익을 만드는 게 '레버리지 리딩'의 목표다. 레버리지 리딩 관점에서는 책을 처음부터 끝까지 읽을 필요는 없다. 하지만 관심 있는 주제의 책은 몇 번이고 반복해서 읽고 결국 끝까지 읽게 된다. 책에 담긴 지식을 자기 것으로 만든 다음 성과가 날 때까지 실천하는 게 관건이다. 처음부터 끝까지 읽으라고 주장하는 사람, 필요한 내용만 선별해서 읽으라고 주장하는 사람 모두 목적은 같다. 독서의 최종 목적은 '자기 성장'이다. 지식과 능력을 키우고 사회적인 성공, 수입 증대가 책을 읽고 얻는 이익이며 목적이다.

성장을 촉진하는 읽기는 행동의 변화가 목적이다. 지식을 쌓아서 생각은 변했지만, 행동이 바뀌지 않으면 아무 소용이 없다. 내용을 기억하지 못해도 독서는 소용이 없다. 책을 빨리 읽는다고 해도 읽고 배운 내용을 실천하거나 다른 사람에게 설명하지 못한다면 책을 읽은 의미는 없다.

좋은 책, 삶에 보탬이 되는 글은 자연스럽게 다 읽게 된다. 핵심을 찾아 읽는 방법에 익숙해지면 필요한 부분만 읽다가 주옥같은 글이 계속 보이면 첫 페이지부터 마지막 페이지까지 읽게 된다. 차례를 보고 읽고 싶은 부분을 먼저 읽은 다음 또 필요한 내용이라고 생각하는 부분을 읽는다. 더 알고 싶은 내용이 있으면 또 찾아서 읽는다. 이렇게 더 알고 싶은 내용, 관심 있는 주제, 궁금한 부분을 찾아서 읽는다. 궁금한 부분을 찾아 읽으면 핵심을 파악하기도 수월하다. 알고 싶은 부분, 필요한 내용은 더 빨리, 집중해서 읽는다. 이렇게 읽으면 책을 읽기 위해 따로 동기부여 할 필요도 없고 배우는 속도도 빨라진다. 스스로 더 알고 싶은 욕구, 실천하고 싶은 의욕도 상승하기 때문에 독서의 목적을 달성할 수 있다.

생각하는 능력을 키우는
효과적인 방법

어린아이부터 성인까지 책 읽기를 권하는 이유를 생각해본 적이 있는가? 책을 읽으면 도대체 어떤 점이 좋을까?

같은 시간을 공부하지만, 성적이 좋은 학생과 그렇지 못한 학생이 있다. 회사에서도 마찬가지다. 똑같은 자료를 참고해도 좋은 성과를 내는 직원과 뭐가 중요한지도 모른 채 시키는 일만 하는 직원이 있다.

공부와 일에서 좋은 성과를 내는 데는 여러 가지 요인이 작용한다. 집중력, 몰입, 동기부여, 환경 등 다양한 요인이 있다. 이중 가장 결정적인 요인은 '읽기'다. 조금 더 구체적으로 말하면 읽고 이해하고 분석하는 능력이 뛰어나면 좋은 성적, 좋은 성과를 얻는다. 더 잘 읽고, 더 빨리 읽는 게 아니라 읽고 이해하고 분석하는 능력이다. '잘 읽는다'는 의미는 읽은 내용을 제대로 이해하는 것과 관련이 있다. 이해력, 사고력은 학습능력의 전부라고 해도 과언이 아니다. 사회적으로 인문학 열풍이 불면서 대학에서는 읽기와 쓰기, 말하기를 전공과목과 교양과목에 넣어서 강의를 개설한다. 대부분 '논리적 사고와 글쓰기' '사고와 표현' '창조적 사고와 글쓰기'라는 제목으로 개설되는 과목에서 읽기, 쓰기, 말하기를 가르친다. 대학에 입학한 학생은 모두 읽기, 쓰기, 말하기를 배웠다. 이런 과목을 대학에서 가르치는 이유는 사회에서 필요로 하는 생각하는 능력, 즉 사고력을 키우기 위해서다. 사고력은 생각하는 방식이나 생각 그 자체, 또는 생각하는 힘이다. 생각하는 힘은 주어진 문제를 해결하기 위해서 자기가 가진 지식을 활용하는 데서 나온다. 문제를 분석하는 능력, 옳고 그름을 판단하는 능력에 지식이 더해져서 사고력이 작동한다.

발달심리학자 바바라 뉴만은 사고력을 고급차원과 저급차원으로 구분했다. 고급차원의 사고력은 '도전적이고 확장적인 정신의 사용'이라고 정의했다. 반면, 저급차원의 사고력은 일상적이고 기계적이며 제한적인 정신의 사용이다.[5]

고급차원의 사고력은 문제와 상황을 새롭게 해석하고 분석하여 정보를 조정할 때 발휘된다. 고급차원의 사고가 필요한 이유는 과거에 학습한 지식을 적용해서는 문제가 해결되지 않기 때문이다. 저급차원의 사고는 과거에 기억한 정보를 제시하거나 이미 알고 있는 공식에 그대로 대입하는 것처럼 통상적인 절차를 반복하는 것이다.

고급차원의 사고력을 키우는 데 가장 효과적인 방법이 '읽기'다. 책을 읽든, 신문을 읽든, 지식이 농축된 글이라면 무엇이든 읽고 생각해야 사고력이 향상된다. 단순히 내용을 기억하고 주제를 요약하기 위해서 읽는 게 아니라 읽고 나서 질문을 하면 사고력은 놀라울 정도로 향상된다. 사고력을 키우는 읽기에서 핵심은 무엇을 배웠느냐보다 읽고 나서 생긴 궁금증과 질문이다. 과거에 독재자들이 금서목록을 만들고 책을 읽지 못하게 만든 이유도 고급차원의 사고력을 키우는 것을 막기 위해서다.

읽기를 통해서 사고력을 키우려면 어떻게 해야 할까? 제일 먼저 '나만의 읽는 방법'을 빨리 발견해야 한다. 기본적인 독서법 외에 유명 작가, 지식이 많은 사람이 책을 고르고 읽는 방법을 따라 하면서 자기에게 맞는 읽기 방법을 찾는다. 《깐깐한 독서본능》을 쓴 윤미화 작가는 5년 동안 1천 권의 책을 독파했고 《1시간에 1권 퀀텀독서법》을 쓴 김병완 작가는 3년 동안 1만 권을 읽었다. 윤미화 작가는 읽기를 'Reading'이 아니라 글자 너머의 정체성까지 읽는 'Beyond discovery'라고 했다.[6]

김병완 작가는 평생 백 권도 읽지 않은 사람과 1만 권을 읽은 사람은 생각의 날카로움이 다르다고 했다. 도끼날이 날카로워야 힘을 덜 들이고 나무를 벨 수 있듯이 생각도 날카로워야 어려운 문제를 해결하고 창조적인 해결책을 생각할 수 있다.

고급차원의 사고력을 키우는 방법으로 신토피칼 독서가 있다. 독서법의 고전인 《독서의 기술》에서 소개한 신토피칼 독서는 주제를 탐험하는 독서법이다. 신토피칼 독서는 네 단계로 구성된다. 1단계는 글자를 해석하는 초급독서, 2단계는 지식을 점검하며 읽는 점검독서, 3단계는 이해한 내용을 분석하는 분석독서, 마지막 4단계가 같은 주제를 연이어 읽는 신토피컬 독서다. 신토피칼 독서는 장르와 작가가 달라도 같은 주제를 다루는 책을 이어서 읽고 그 주제에 관해서 심층적으로 생각하는 독서법이다. 이런 방식으로 읽으면 고구마 줄기를 끌어 올려서 고구마를 수확하는 것처럼 무수히 많은 생각을 끌어낼 수 있다.

같은 주제의 글을 읽는 방법을 익히면 인터넷으로 기사를 읽을 때 유용하다. 하나의 사건이 매체의 관점이나 기자의 의도에 따라 전혀 다른 기사로 나온다. 한쪽으로 치우친 기사만 보면 읽는 사람도 편향된 사고를 하게 된다. 그 때문에 고급차원의 사고력을 키우려면 같은 주제를 다루지만 관점이 다른 책과 기사를 읽고 비교하면서 생각해야 한다. 그러면 사고력을 키우고 올바른 가치관이 생긴다.

4

소통하는 능력 키우기

정보 읽기 능력 테스트

국가직무 능력표준National Competency Standards, NCS은 2015년 1월에 정부 부처, 공공기관, 기업에서 활용하기 시작해서 이제는 취업과 이직에 필요한 기초 자료가 됐다. NCS 기초능력 검사에서 '언어영역'은 '의사소통능력'으로 명칭이 바뀌었다. '언어영역'이라고 하면 수학능력시험의 국어 과목을 연상하게 해서 취업을 준비하는 사람도 국어 과목처럼 공부하면 된다고 생각하기 때문이다. NCS 기초능력 검사에서 의사소통능력은 중·고등학교 국어 과목에서 학습한 내용이 아니라 정보를 읽는 능력을 평가한다. 취업에 필요한 의사소통능력은 국어 과목의 지식이나 정확한 맞춤법보다 문자로 이루어진 정보를 읽고 이해하는 것이다.

의사소통능력은 문서와 언어로 구분한다. 의사소통능력은 말 그대로 대화를 하거나 문서로 의견을 교환할 때 의미를 정확하게 전달하고 이해하는 능력이다. 여기에는 의사 표현 능력과 외국어 문서를 이해하는 능력도 포함된다. 정보 읽기 능력 테스트는 직장에서 여러 사람과 다양한 방법으로 소통하며 업무를 진행하는 능력을 평가하는 문항으로 구성되어 있다. 직장에서 업무에 필요한 의사소통은 대부분 문서로 이루어진다. 말보다 글이 명확하고 기록으로 남기 때문이다. 문서로 소통할 때 필요한 능력은 두 가지다. 첫째, 기획서, 보고서 등을 작성하는 것과 둘째, 다른 사람이 작성한 문서를 이해하는 것이다. 문서로 소통하는 능력은 글을 읽어서 내용을 이해하고 요점을 파악하여 목적과 상황에 맞는 정보를 효과적으로 전달하는 것이다.

NCS 의사소통능력은 문서이해능력, 경청능력, 문서작성능력, 의사표현능력, 기초외국어 능력, 다섯 개의 하위 능력으로 나눈다. 첫 번째가 문서이해능력이다. 문서를 읽고 내용을 이해하는 능력은 모든 직업과 직군에서 필요하다. 문서를 이용하지 않으면 일을 시작하고 진행하기 어렵다. 의사소통능력을 평가하는 문제는 상사가 쓴 지시문과 메모, 업무에 필요한 매뉴얼, 계약서, 광고, 신문 기사, 메일, 공문 등을 읽고 문서의 지침에 따라 다양한 업무를 처리할 수 있는지 알아보기 위해 출제된다. 학교에서 국어 수업 시간에 배운 비문학 영역의 지문도 출제된다. 대부분 업무에 필요한 내용을 정확하게 이해했는지 확인하는 문제로 구성된다. 금융상품 설명서를 지문으로 제시하고 세부 내용을 이해했는지 묻는 문제도 있다. 지문이 길고 선택지도 집중해서 읽어야 핵심을 파악할 수 있게 구성되어 시험을 본 사람들은 한결같이 지문을 충분히 읽고 선택지를 검토할 시간이 부족하다고 말한다.

핵심을 읽는 관점에서 보면, 지문을 빨리 읽고 문제를 풀 수 있게 지문과 선택지를 길게 만든 것도 의사소통능력을 평가하는 요소다. 의사소통능력에서 좋은 점수를 받는 방법은 한 가지다. 정해진 시간에 배경지식이 없는, '낯선' 지문에서 정보를 읽어내는 훈련을 하는 것 외에 다른 방법은 없다. 기술 문서, 매뉴얼, 법조문, 기안서 등 처음 보는 문서에서 핵심을 읽어내고 업무에 어떻게 적용해야 하는지 판단하는 것이 의사소통능력이다.[1]

NCS 시험을 준비하는 사람들에게 의사소통능력은 단기간에 향상되지 않으니 독서를 많이 하라고 조언한다. 시험에서 평가하는 의사소통능력은 처음 보는 글, 긴 글을 읽고 핵심을 찾았는지 알아보는 것이다. 때문에 평소에 글을 빨리 읽고 핵심을 파악하는 능력을 몸으로 익혀야 한다.

문서를 이해하는 능력

문서이해능력은 직장 또는 작업 현장에서 업무와 관련된 문서 또는 인쇄물, 기호화된 정보를 읽고 이해하여 요점을 파악하는 능력이다. 직장에서 업무와 관련된 문서는 보고서, 기획서, 제안서, 메일, 메모, 팩스 등이 있다. 분초를 다투는 일에는 수첩에 휘갈겨 쓴 메모도 문서의 역할을 한다. 뉴스에 정치인과 공직자의 수첩과 메모가 중요한 사건의 실마리가 되었다는 기사가 나온다. 공식적으로 쓰는 기획서, 보고서, 제안서, 계획서 등은 형식이 있다. 형식이 있는 문서는 핵심을 나타내는 부분이 정해져 있다.

직장에서는 형식을 갖춘 문서 외에도 메일로 지시사항을 전달하거나 메신저, 인트라넷, 메모 등도 소통의 수단으로 이용한다. 상사가 휘갈겨 쓴 문서, 고객이 대충 적어준 메모도 있다. 형식을 갖춰 쓴 문서뿐만 아니라 다양한 형태의 글에서 내용을 이해하고 요점을 파악해야 제대로 일을 할 수 있다. 글을 읽고 이해하는 데서 끝나지 않고 적절한 행동을 해야 이해했다고 할 수 있다.

직장인을 대상으로 문서작성 교육을 하면 거의 모두 문서를 잘 이해한다고 생각한다. 하지만 실상은 다르다. 우리나라의 문서이해능력은 OECD(경제협력개발기구) 국가 가운데 꼴찌로 드러나기도 했다. 한국교육개발원이 OECD 사무국에서 1994년부터 실시해온 성인 인구 문서해독 능력 측정 도구를 우리나라 국민에게 적용한 결과, 일상적으로 보는 급여명세서, 영수증, 구직원서, 열차 시간표, 지도, 의약품 설명서 등을 해독하는 능력이 최하위권으로 나타났다. 대중교통을 이용해서 처음 가보는 곳을 갈 때 노선도를 한참 동안 쳐다보는 것도 문서를 이해하는 데 시간이 오래 걸려서 그렇다. 의약품 설명서를 읽고도 약을 얼마나 먹어야 하는지 모르고 열차 시간표는 보는 방법을 몰라서 역무원에게 물어보는 게 현실이다.

문서이해능력은 글자를 읽지 못하는 사람의 숫자를 나타내는 문맹률이 아니라 실질적인 문맹률로 평가한다. 세계 여러 나라에서 적용하는 기준으로 측정한 우리나라 성인의 문서이해능력은 형편없다. 이미 수십 년 전에 100퍼센트에 가까운 문자 해독률과 고등학교를 졸업한 학생의 80퍼센트가 대학에 진학한다는 통계가 무색할 정도다.

　정보 홍수 사회에서 살아남으려면 먼저 필요한 정보와 필요하지 않은 정보를 가려내야 한다. 깔끔하게 편집된 책만 읽어서는 필요한 정보를 가려내는 능력을 키우기 어렵다. 다양한 종류의 문서에서 핵심을 찾아내는 능력이 바로 문서이해능력이다. 문서이해능력이 책을 읽고 내용을 이해하는 능력과 다른 점은 문서와 첨부 또는 인용한 자료의 진위, 출처를 확인해서 편향된 정보를 구별하고 올바른 판단을 한다는 것이다. 대외용 문서는 검토와 수정을 여러 번 거치고 결재·승인을 받은 뒤에 유포된다. 검토와 수정, 승인 과정을 거치기 때문에 편향된 정보나 오류가 없는 편이다. 메일, 메모지로 전달받은 지시는 상사가 생각나는 대로 썼기 때문에 절차와 맞지 않거나 규정과 다른 지시가 있을 수도 있다. 만약 지시한 대로 일을 했지만, 규정에 맞지 않아서 처음부터 다시 해야 하는 일이 생겼을 때, 업무를 지시한 상사가 "확인도 하지 않고 시키는 대로 했나요?" "담당자가 확인한 후에 진행해야 하지 않나요?"라고 반문하는 일도 있다. 이런 상황에서는 업무 지시의 옳고 그름을 판단하는 능력까지 문서이해능력에 포함된다.

　문서를 쓴 사람의 의도를 파악하고 요점을 찾아냈다고 문서이해능력이 높다고 평가하지 않는다. 업무용 문서를 쓰는 목적은 이해하기 위해서가 아니다. 문서 내용에 따라 실행하거나 업무에 적용했을 때 목적을 달성한다.

　문서를 이해하고 행동하기까지 절차는 다음과 같다.

문서를 읽고 이해하고 행동하는 과정

❶ 문서의 목적 이해하기	❷ 문서 작성 배경과 주제 파악하기	❸ 문서에서 핵심을 밝혀내고, 문제 파악하기	
❹ 글쓴이의 의도와 원하는 것, 나에게 요구되는 행동 분석하기	❺ 문서의 목적을 달성하기 위한 행동 결정하기	❻ 글쓴이의 의도를 메모, 도표, 그림으로 정리하기	❼ 행동하기

    문서를 이해하고 마지막에 행동하기 전에 상대방의 의도를 메모, 도표, 그림으로 정리한다. 이 단계에서 핵심을 제대로 골라냈는지 확인할 수 있다. 직장생활뿐만 아니라 사적으로 다양한 분야에서 활동하면서 계약서, 설명서, 약관, 지침 등 여러 가지 문서를 읽는다. 문서에서 전달하는 내용을 모두 이해하고 기억할 수는 없다. 특히 계약서에 작은 글자로 인쇄된 약관은 읽으라고 만들었는지 모를 정도로 가독성이 떨어진다. 문서에서 중요한 내용만 골라서 핵심을 찾고 정보를 수집·종합하는 데 메모가 가장 효과적이다. 필요한 정보를 수집·종합하는 능력은 며칠 동안 속성으로 배워서 키울 수 있는 능력이 아니다. 다양한 문서를 읽고 핵심을 찾고 메모하는 습관을 통해서 문서이해능력을 키울 수 있다.

글과 말에서 핵심을 파악하는 능력

학생과 수험생은 시험을 잘 보기 위해서 출제자의 의도를 알아야 한다. 경영자·직장인은 무수히 많은 자료에서 핵심을 찾아내야 이익을 얻는다. 수험생이 보는 지문은 핵심을 교묘하게 숨겨놓는다. 문서에서 핵심은 개념을 알아야 이해하는 단어와 줄글로 길게 쓴다. 반드시 확인해야 하는 상품 설명과 약관은 아주 작은 글씨로 인쇄되어 있다. 금융기관의 문서는 어려운 용어가 많다. 보험회사 약관은 깨알 같은 글씨로 빽빽하다. 소비자가 읽어야 하는 내용이지만 정작 읽으려고 하면 많은 양과 어려운 용어 때문에 실제로 보험약관을 꼼꼼히 읽는 사람은 극소수다.

미국 증권거래위원회 의장이었던 아서 레빗은 월스트리트저널과의 인터뷰에서 "분기 보고서, 사업계획서, 연례보고서 그 밖의 기업에서 쏟아내는 대부분의 문서는 복잡하고 혼란스럽다. 거의 쓰레기통으로 들어가는 게 아닐까 의심스럽다."라고 했다.

노르웨이 소비자위원회는 스마트폰 앱 이용약관을 읽는데 걸리는 시간을 실제로 측정했다. 노르웨이 사람들이 주로 이용하는 스마트폰 앱 33개 이용약관을 연속해서 읽었다. 그 결과 31시간 49분 11초가 걸렸다. 소비자위원회는 실험 결과를 발표하면서 "스마트폰 앱 약관은 신약성서보다 길다. 터무니없을 정도로 길다. 이런 길이와 복잡함으론 좋은 결정을 내리기 어렵다."라고 했다.

스마트폰 앱 사용자 가운데 실제로 약관을 읽는 사람은 몇 명일까? 나도 습관적으로 '동의합니다'를 체크하고 넘어간다. 많은 사람이 중요한 문서를 볼 때도 한두 문장만 읽고 '이런 내용일 것이다'라고 추측하며 나머지 글을 대충 훑어본다. 이전에 비슷한 글을 보았거나 들었다면 끝까지 읽지 않고 결론을 내린다. 얕은 배경지식으로 글을 끝까지 읽지 않고 섣불리 판단하면 낭패를 볼 수도 있다.

학력이 높고 지식이 많은 사람 가운데 지레짐작으로 추측하고 끝까지 읽지 않는 사람이 많다. 책을 속독으로 읽는 사람도 이런 실수를 한다. 몇 줄만 읽고 판단하거나 빨리 읽을 때는 자기가 내린 결론에 부합하는 근거를 적어도 두세 가지 이상 찾아야 한다. 근거가 없다면 성급하게 결론을 내리기보다 처음부터 차근차근 다시 읽는다.

  핵심을 찾으려면 한 번에 완벽하게 읽기보다 빠르게 여러 번 읽어야 한다. 단어와 문장에 집중하면 단편적인 내용을 이해할 수 있을지 몰라도 핵심을 파악하기는 어렵다. 핵심을 파악하려면 전체 내용을 대강이라도 읽어야 한다. 전체 내용을 큰 그림으로 머릿속에 그린 후에 필요한 내용 또는 핵심이 어디에 있는지 찾는다. 빨리 여러 번 읽으면 핵심과 부수적인 내용을 구분할 수 있다. 여러 번, 빨리 읽어야 핵심을 파악할 수 있다고 조언해도 대충 빨리 읽으면 제대로 이해하지 못할 거라고 반문한다. 이런 질문을 받으면 핵심 읽기를 페인트칠에 비유해서 설명한다. 벽에 페인트를 칠할 때, 한 번에 완벽하게 칠할 수는 없다. 우선 전체를 칠한다. 그러면 진하게 칠해진 부분이 있고 옅게 칠해진 부분도 있다. 옅게 칠해진 부분은 다시 칠한다. 서너 번 반복해서 칠하면 전체를 고르게 칠할 수 있다. 핵심을 파악하려면 페인트칠을 하는 것처럼 빨리 읽고 중요하다고 생각하는 부분을 다시 읽는다. 중요한 부분을 다시 읽을 때는 앞, 뒤 단락까지 주의 깊게 살펴본다. 다시 읽으면 처음 읽을 때 눈에 들어오지 않았던 내용이 보인다. 빨리 읽고 다시 읽으며 핵심을 찾는 방법은 분량이 많을수록 더 효과가 있다. '한 번에 완벽하게'가 아니라 '여러 번 빠르게' 읽어야 핵심을 빠트리지 않고 파악할 수 있다.

  말에서 핵심을 파악하는 방법은 글을 읽는 것과 다르다. 인터넷 강의처럼 다시 돌려서 볼 수 있다면 돌려서 보고 들으면 된다. 대화하는 동안 핵심을 파악하는 효과적인 방법은 메모와 피드백이다. 말을 조리 있게 하면 누구나 핵심을 파악한다. 모두가 말을 조리 있게 하는 건 아니다. 두서없이 말하는 사람도 자기가 의사전달을 잘한다고 생각하는 게 문제다. 개떡같이 말해도 찰떡같이 알아들으라는 말이 있다. 대화하는 중에 핵심을 파악하려면 말하는 사람을 향하고 눈을 맞추는 것은 기본이다. 팔짱을 끼거나 등받이에 기대앉는 행동은 금물이다. 다리를 흔들거나 펜을 돌리는 행동도 좋지 않다. 강조하는 내용은 메모하면서 고개를 끄덕인다. 말이 끝나면 "확인해도 되겠습니까?"라고 묻고 메모를 보면서 빠진 내용이 없는지 확인한다. 제대로 듣지 못했거나 이해하지 못했다면 "한번 더 말씀해주세요."라고 부탁한다. 하지만 두세 번 같은 말을 반복해 달라는 것은 유쾌한 일이 아니다.

　질문은 바람직하다. 단, 대화를 통해서 교감했다면 상대방이 '예' 또는 '아니오'로 대답하는 질문이 아니라 '왜' '어떻게' '누가' 등을 넣어서 열린 질문을 해야 한다. 말하는 속도가 빠르거나 감정적으로 격앙되어 있다면, 호흡을 가다듬고 천천히 말할 수 있게 배려한다.

　내용을 제대로 이해하지 못했다면 솔직하게 이해하지 못했다고 말한다. 설명을 듣거나 지시사항을 전달받을 때는 대충 듣고 아는 척하면 안 된다. 모르면 모른다고 말하고, 이해하지 못한 부분을 다시 이야기해 달라고 해야 한다. 다 모르겠다고 하면 곤란하다. 제대로 이해했는지 확인하기 위해서 자기가 이해한 내용을 설명하고 모르는 부분을 짚어내면 다시 설명하는 사람도 요점을 제대로 말할 수 있다.

경청 능력, 듣고 핵심을 파악하는 능력

 스마트폰과 SNS가 보급되면서 사람들이 만나는 모습이 달라졌다. 회의실 탁자, 커피전문점 탁자에는 사람 숫자만큼 스마트폰이 있다. 메시지가 오거나 SNS에 새로운 글이 등록되면 알람이 울린다. 네 사람이 만나는 자리에서 스마트폰 하나가 울리면 나머지 사람들도 자기 스마트폰 화면을 본다. 만나서 이야기를 나누다가도 메시지가 오면 즉시 회신을 보낸다. 그런 다음, 앞에 앉은 사람에게 "어디까지 말했죠?"라고 묻는다.
 지하철에서 사람들의 시선을 받으려면 책을 읽고, 5분 만에 상대에게 강한 인상을 남기려면 스마트폰을 끄고 경청^{Listen}하라는 말도 있다. 다른 사람의 말을 귀담아듣는 행동은 읽기와 더불어 의사소통에서 중요하다. 상대방이 자기 말에 집중한다는 인상을 받으면 상대방을 신뢰할 수 있는 사람으로 평가한다. MIT대학 교수 셰리 터클은 《대화를 잃어버린 사람들》에서 젊은 청년이 데이트하는 동안에도 스마트폰을 손에서 놓지 않는 여자 친구를 이야기하면서 기계 화면과 경쟁하며 연애하는 형국이라고 했다. 여러 사람과 함께 있어도 유대감을 느끼지 못하고 각자 SNS로 소통하고 정보를 얻기에 바쁘다.

듣기가 말하기 보다 중요하다고 배웠지만 실천하기가 어렵다. 스마트폰과 SNS 때문에 만나서 대화하기가 어색하다는 사람도 있다. 스마트폰 알람이 울려도 대화할 때는 사람의 이야기에 귀를 기울여야 한다. 귀 기울여 듣는 것이 경청이다. 경청능력은 NCS 기초능력 검사에서 의사소통능력에 포함되어 있을 정도로 제대로 듣기는 중요하다.

경청이 어려운 이유는 '마음'의 문제이기 때문이다. 《경청》은 다른 사람의 말을 듣는 게 얼마나 중요한지 일깨워준다. 소설처럼 쓴 이 책의 핵심은 들을 청^{聽}자의 해석에 담겨있다. 청^{聽}을 파자하면 '왕의 귀$^{耳+王}$로 듣고 열 개의 눈$^{++目}$으로 보고 하나의 마음^{心}으로 대하라'는 뜻이다.²

왕의 귀는 커다란 귀를 뜻한다. 커다란 귀는 들을 때 집중해서 들으라는 것이고, 열 개의 눈은 잘 파악해서 들으라는 의미이며, 하나의 마음은 상대의 마음과 나의 마음이 하나가 되어서 들어야 한다는 뜻이다. 말하는 사람을 존중하고, 이해하고 그 말에 집중한다는 것을 보여주면, 그 사람의 마음이 열리고 나의 마음도 열려 결국 그 사람의 마음을 얻을 수 있다. 목소리가 큰 사람이 이긴다는 말도 《경청》의 관점에서 해석하면, 목소리가 크면 잘 들리고 잘 들리게 말하는 것은 듣는 사람에 대한 배려라고 볼 수 있다. 주변을 지나치게 신경 쓴 나머지 너무 작은 목소리로 말해서 제대로 들리지 않아 "다시 한번 말씀해주세요."라고 부탁하는 것도 한두 번이다. 너무 작게 말하면 경청하고 싶어도 안 들린다. 큰 소리로 다시 말해 달라고 부탁하기 곤란하면 알아들은 척하게 된다. 상담원과 고객의 관계에서는 더욱 경청능력이 필요하다. 고객의 말에 담긴 의미를 이해하고 무엇을 원하는지 정확히 파악해야 한다. 이때 경청한다는 사실을 알리는 비언어적인 방법과 언어적 방법이 있다. 고개를 끄덕이는 행동_{비언어적 방법}, 맞장구, 핵심을 확인하는 표현_{언어적 방법}, 세 가지다. 세 가지 방법을 모두 이용하면 핵심을 놓지지 않는다.

첫째, 고개를 끄덕이는 행동은 말하는 사람에게 경청한다는 사실을 알리는 데 효과가 있다. 자기 말을 귀 기울여 듣는 사람을 싫어할 리는 없다. 이야기를 들을 때 고개를 끄덕이면 말하는 사람은 공감, 호응, 긍정의 표현으로 받아들이고 호감을 느낀다. 고개를 끄덕이면서 듣다가 공감하는 내용이나 좋은 표현이 나오면 손뼉을 치는 것도 좋다. 박수는 세계 어느 나라 사람과 대화하든지 사용할 수 있다. 적절한 순간에 손뼉을 치면서 "좋네요" "역시"라고 말하면 속 깊은 이야기까지 들을 수 있다.

둘째, 맞장구다. "잘됐네요" "힘들죠" "대단해요" "정말 재밌네요" 등이 맞장구다. 말하고 있는데 상대방이 팔짱을 낀 채로 무뚝뚝한 표정이다. 아무 반응이 없으면 듣는 건지 안 듣는 건지 알 수 없다. 그러면 말하는 사람은 기운이 빠진다. 반대로 상대가 공감하거나 웃어주면 즐겁게 이야기할 수 있다. 판소리에서 더 흥겹게 하기 위해서 추임새를 넣는 것처럼 맞장구를 치면 말하는 사람은 더 자세히 말하고 요점을 강조한다. 듣는 사람은 핵심을 파악하기 수월하다.

셋째, 핵심을 확인하는 표현을 하면 말하는 사람은 핵심을 더 강조해서 이야기한다. 예를 들면, "지금 OOO라고 이야기한 게 이건가요?" "좀 더 자세히 이야기하면 OOO, OOO 이런 거 맞죠?"라고 말하면서 들은 말을 반복하고 요약하면 핵심을 파악하기 쉽다. 뿐만 아니라 말하는 사람이 귀담아듣는, 믿을 수 있는 사람으로 인정한다.

의사소통을 단순히 말하고 듣는 대화라고 생각하면 안 된다. UCLA의 앨버트 메라비언 박사는 언어적 표현보다 비언어적 표현으로 전달되는 정보가 압도적으로 많다는 사실을 밝혀냈다. 메시지의 7퍼센트만 말로 전달된다. 38퍼센트는 음색, 즉 목소리의 높낮이로 전달되며 나머지 55퍼센트는 말, 목소리가 아니라 표정으로 전달된다고 발표했다.

이야기를 들으면서 고개를 끄덕이며 호응하는 행동과 말을 하고, 내용을 확인하기 위해 질문하는 것은 말하는 사람에게 관심이 있다는 것을 알리는 좋은 방법이다. 경청능력은 단순한 청취력이 아니다. 행동과 언어적 표현을 수반하는 적극적인 듣기를 통해서 더 많은 정보를 얻고 핵심을 파악할 수 있다.

기초 외국어 능력

영어를 배우기 위해 학교와 학원을 오가며 무던히 노력하지만 영어 실력이 눈에 띄게 향상되지 않는다. 적어도 2년 정도 어학연수를 다녀와야 일상적인 의사소통에 어려움이 없을 정도로 외국어를 한다. 외국어 실력을 키우는 내용은 이 책에서 다루는 범위를 벗어나기 때문에 NCS 의사소통능력 가운데 하나인 기초 외국어 능력에 관해서 설명하겠다.

기초 외국어 능력의 정의는 '업무를 수행하면서 외국어로 의사소통할 수 있는 능력'이다. 외국어 듣기와 일상생활의 회화 활용이 세부 요소다. 우리나라는 한국어가 모국어다. 한국어는 세계 공용어인 영어와 언어 체계가 다르다. 우리나라에서 나고 자란 사람이 영어를 모국어처럼 쓰기는 어렵다. 그렇지만 취업하기 위해 제출하는 서류 중에는 외국어 시험 성적이 있다. 입사해서 영어를 쓰는 직군에서 일하지 않아도 기업에서는 외국어 시험 점수를 지원자의 능력을 파악하는 기준으로 활용한다.

NCS 의사소통능력에서 제시하는 외국어 능력은 언어적 의사소통으로 분류하고 '기초' 수준이다. 유창한 수준의 회화 또는 외국어로 계약서와 공문서 등을 쓰는 게 아니다. 기초적인 수준의 듣기와 영어로 쓰인 신문과 잡지를 읽고 내용을 이해하는 수준의 외국어 능력이면 NCS에서 요구하는 의사소통 능력을 갖추었다고 할 수 있다. 실제로 NCS 시험문제도 영어 단어의 뜻을 정확히 알고 업무 중 오가는 문서의 핵심을 이해하면 충분히 풀 수 있는 수준으로 출제된다. 블라인드 채용 확대로 외국어 점수를 요구하지 않는 공기업도 있다. 외국어 점수를 제출하는 곳은 토익을 기준으로 700점 이상이어야 지원할 수 있고 850점 이상이면 외국어 능력에 만점을 부여하기도 한다. 외국어 능력이 취업에 절대적 잣대라고 생각하고 외국어 공부에만 매달리는 사람이 있다. 물론, 외국어를 능숙하게 구사해야 하는 통번역 또는 해외 업무 등을 해야 한다면 외국어로 지원자의 능력을 파악할 수 있다.

취준생이 외국어 공부에 매달리는 사회상을 반영해서 '영어 권력'이라는 말까지 생겼다. 외국에서 공부하고 일한 경력을 가진 사람은 오랫동안 생활한 현지 문화에 익숙하다. 이런 사람이 우리나라 회사에서 관리자 역할을 맡으면 글로벌 역량을 강조한다. 모든 분야에서 '국제화'는 중요하다. 국제화하려면 외국어 능력이 필수다. 외국어 능력은 일하는 데 도움이 되지만 전부는 아니다. 국제화만 주장하다가 오히려 외국어에 익숙하지 않은 구성원과 의사소통에 걸림돌이 생기는 일이 적지 않다.

최근에는 글로벌리즘^{Globalism}보다 글로컬리즘^{Glocalism}을 강조한다. 글로벌리즘이 세계화를 맹목적으로 강조했다면 글로컬리즘은 지역의 가치를 인정한다. 세계화와 지역주의를 이분법으로 나누지 않는다. 양쪽의 장점을 받아들이면서 새로운 질서를 만든다. 외국어를 잘해서 해외 문화를 무조건 받아들이는 게 아니다. 우리에게 부족한 부분을 반영하고, 우리 문화가 앞서 있다면 그것을 부각하는 것이 글로컬리즘이다.

글로컬리즘 시대에 외국어 능력만 키우는 것은 능사가 아니지만, 직장인 자기계발 1순위는 여전히 외국어다. 외국어를 배우는 목적은 소통하기 위해서다. 해외 콘텐츠를 보고 이해하고 모르는 내용을 질문하는 정도면 된다. 소통에 필요한 정도만 외국어를 배우고 외국 문화를 꾸준히 공부하면 된다. 핵심을 읽기 위해 차고 넘칠 정도로 외국어 실력을 쌓을 필요는 없다. 외국어만 공부해서 다른 역량이 부족하거나 외국어 실력이 너무 출중한 나머지 우리 회사는 그 정도로 외국어를 쓸 일이 없어서 오히려 실력이 과하다는 평가를 받을 만큼 '오버 스펙$^{Over\ spec}$'이면 이 또한 문제다.

외국어를 배우는 이유는 소통하기 위해서다. 외국어 능력 시험 문제를 풀기 위해서가 아니다. 외국어 문서와 웹페이지를 읽고 핵심을 찾아내서 동료에게 우리말로 전달하고 필요하다면 해외 담당자에게 질문, 또는 추가 자료를 요청할 수 있다면 그걸로 충분하다.

나는 해외 자료가 필요하면 구글에서 검색한다. 일본과 중국 자료는 야후 재팬과 바이두에서 검색한다. 일본어와 중국어는 낱말 몇 개밖에 모르지만 번역 서비스를 이용하면 자료를 훑어보는 데는 문제가 없다. 해외 담당자에게 문법적으로 오류가 없는 유창한 문장으로 질문과 요청을 할 수 없다고 주눅이 들 필요는 없다. 미래에 사라질 직업 순위에서 번역가, 통역전문가는 수년째 상위에 있다. 스마트폰 번역 앱과 인공지능 기술이 탑재된 번역기를 이용하면 영어, 일본어, 중국어는 대강의 내용을 파악할 수 있다. 외국어 공부를 하는 이유는 핵심을 찾아서 업무에 활용하고 소통하기 위해서라는 사실만 명심하면 된다.

핵심을 읽어야 핵심을 쓸 수 있다

 핵심을 찾아 읽는 데는 빨리 읽고 중요한 부분을 다시 읽는 방법이 가장 효과적이다. 수십 페이지 분량의 자료는 짧은 시간에 두세 번 반복해서 읽으면 핵심을 파악할 수 있다. 다른 사람에게 핵심을 전달하거나 보고서·기획서를 써야 한다면, 핵심을 요약해야 한다.

 핵심을 쓰기 위해서 제일 먼저 할 일은 '구조화'다. 흔히, 자료의 구조화, 지식의 구조화라고 한다. 자료와 지식을 모두 구조화는 게 아니라 핵심만 구조화한다는 표현이 맞다. 핵심을 구조화해서 다시 쓰는 능력은 매우 중요하다. 핵심을 파악해도 다른 사람이 이해할 수 있게 정리해서 전달하지 못하면 제대로 소통했다고 할 수 없다.

핵심 구조화 7단계

단계	핵심	구조화
1	훑어보기	제목, 차례, 개요를 살펴본다.
2	전체 읽기	단락의 흐름과 문장 구조를 파악한다.
3	키워드 찾기	키워드, 주요 문장과 단락에 밑줄, 동그라미를 표한다.
4	키워드 분류하기	상위개념, 하위개념을 구분한다.
5	키워드 사이의 관계를 그림으로 그리기	비주얼씽킹, 마인드맵을 그린다.
6	주요 키워드 기억하기	관련있는 키워드를 연결하고 상위·하위 개념과 순서를 정한다.
7	글 또는 말로 표현하기	키워드를 단계별, 인과관계, 시간순으로 배치한다.

읽기에서는 키워드, 즉 핵심을 찾는 게 중요하고 구조화에서는 키워드 분류와 관계 정리가 중요하다. 구조화는 서로 관계있는 항목을 연결하고 순서를 정해서 한눈에 보이게 만드는 작업이다. 핵심을 파악하고 구조화에 실패하면 전달력이 떨어진다. 핵심을 구조화하는 7단계에 따라 키워드를 상위개념과 하위개념으로 구분한 다음 기준을 정해서 같은 범주끼리 묶으면 정보·지식에 체계가 생긴다. 체계적으로 정리하면 정보를 전달하기 쉽고, 필요할 때 바로 꺼내서 사용할 수 있다.

구조화 유형은 트리, 매트릭스, 프로세스 세 가지다. 트리 유형은 키워드를 계층으로 구분할 때 사용한다. 매트릭스는 두 가지 기준을 적용해서 특징을 분류할 때 사용한다. 키워드의 위상을 나타내는 포지셔닝 맵도 매트릭스 유형의 구조화 유형이다. 키워드를 진행 과정, 인과관계 또는 시간 순서로 나열할 때는 프로세스 유형으로 표시한다.

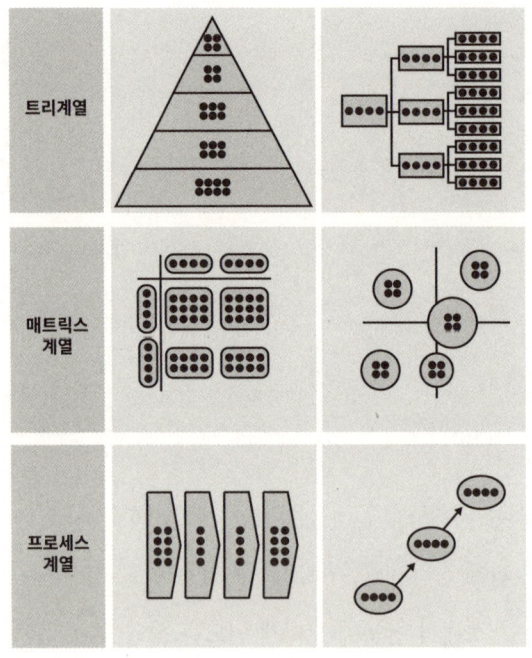

구조화 유형

핵심을 일정한 기준에 따라 분류하고 분류한 정보를 알기 쉽게 배치한다. 핵심을 효과적으로 전달하는 데 필요한 기술이므로 문서를 작성하거나 말로 설명할 때 반드시 적용해야 한다.

키워드를 구조화하면 핵심이 선명해진다. 방대한 자료도 구조화하면 요약할 수 있다. 양적으로 많은 자료를 수집한 사람보다 몇 가지 자료를 논리적으로 구조화한 사람이 훨씬 정리를 잘 했다는 평가를 받는다. 정보는 한눈에 알아볼 수 있게 정리해야 가치가 생기기 때문이다. 핵심을 파악했다면 키워드를 몇 개의 카테고리로 분류·정리한다. 그런 다음 상위와 하위 또는 시간 순서로 구분한다. 그러면 정보가 필요할 때 쉽게 찾을 수 있다. 핵심을 구조화하면 구성원끼리 공유하기도 수월하다. 같은 자료를 보면서 서로 다른 내용을 핵심으로 파악하는 오류도 줄어든다.

키워드 구조화는 핵심을 전달하는 데 효과적이다. 하지만 키워드만 구조화한다고 전달력이 높아지는 건 아니다. 보고서는 줄글로 풀어서 설명한 다음 그림이나 표로 핵심을 정리한다. 줄글로 설명하는 내용과 구조화한 키워드를 8대 2 비율로 구성한다. 키워드를 구조화해서 도해로 만들고 핵심을 확실하게 나타내도 도해에 익숙하지 않은 사람은 내용을 이해하기 어렵다. 키워드를 도해로 표현하고 핵심을 줄글로 풀어서 쓴다. 핵심을 문서로 전달하려면, 몇 개의 핵심을 보여줄지 미리 알려야 한다. 이것을 거버닝Governing이라고 한다. 문서 작성에서 거버닝은 도입부에서 전체 내용을 관리하는 방법이다. 핵심이 다섯 가지라면, 도입부에서 "OOO의 핵심은 다섯 가지다." 또는 "OOO의 유형을 다섯 가지로 구분했다"라고 밝힌다. 핵심이 몇 가지라고 명시하면 문서를 보는 사람은 의식적으로 다섯 가지 내용에 집중한다.

읽기 능력이 소통 능력이다

글을 읽는 사람보다 쓰려는 사람이 많은 시대다. 트위터, 페이스북, 카카오스토리 등의 SNS를 사용하면서 사람들은 소통한다고 말한다. 많은 사람이 일상과 생각을 공유한다. 이런 사회 현상 때문에 글쓰기, 책 쓰기 열풍이 불고 있다. 책을 쓰라고 권하는 사람은 모두가 '저자'가 될 수 있다고 말한다. 직장에서 십 년 넘게 일하면서 얻은 경험과 노하우, 아기를 키우면서 나름대로 터득한 육아 비법, 일류 대학에 진학한 자녀가 공부 습관을 들인 이야기, 다이어트 비결 등을 책으로 펴내는 사람이 꾸준히 늘고 있다.

글쓰기 교육에서 모든 강사가 강조하는 것이 '읽기'다. 베스트셀러, 신문과 잡지 기사, 유명 블로거의 글을 많이 보라고 권한다. 다른 사람은 무엇을 주제로 어떻게 쓰는지 관심을 가지고 읽으라고 한다. 하지만 빨리 글을 써서 책을 내고 싶은 사람은 쓰려고만 할 뿐 읽지 않는다. 소통을 강조하는 사회에서는 읽기보다 써서 표현할 것을 권한다.

읽고 생각하고 쓰는 게 정상적인 순서다. 대충 읽지 말고 집중해서 깊이 읽어야 한다. 독서가 메리언 울프는 '깊이 읽기'를 권하면서 읽기를 통해서 우리 뇌가 문서의 빠른 해석을 가능하게 하는 특정 부분이 발달한다고 주장했다. 글을 해석하는 데 능숙해지면 뇌는 의미를 해석하는 데 남는 힘을 쓴다. 그러면 문제를 해결하기 위해서 거쳤던 까다로운 과정이 자동으로 실행된다. 읽기에 능숙해지면 지적 능력이 평범한 사람도 더 빨리 읽고, 점차 더 어려운 글도 이해할 수 있게 된다. 고전처럼 의미를 되새기면서 읽어야 하는 책, 두껍고 어려운 책 읽기를 권하는 이유도 깊이 읽기 습관을 들여야 하기 때문이다. 이런 책은 시간을 내서 책상에서 차분히 읽어야 한다. 집중해야 책 속에 빠져들어 오랜 시간 읽을 수 있다.[3]

두꺼운 책은 고사하고 생각하며 읽어야 하는 글은 한 단락, 한 줄도 읽지 않는 게 문제다. 웹디자인 컨설턴트로 유명한 제이콥 닐슨은 스마트폰이 나오기 전인 2006년에 인터넷 사용자를 대상으로 아이트래킹[시선 추적] 실험을 했다. 232명의 참가자에게 온라인 문서[모니터로 읽는 글과 문서]를 읽는 동안 눈의 움직임을 추적하는 카메라를 장착했다. 실험 결과, 책을 읽는 방식으로 한 줄씩 온라인 문서를 읽은 사람은 한 명도 없었다. 대부분 대충 훑어보았고 시선은 알파벳 F의 형태로 여러 줄을 건너뛰어 페이지 아래로 내려갔다. F 형태로 시선이 이동한 것은 문서의 첫 번째 줄부터 세 번째 줄까지는 끝까지 살펴보고 시선이 내려간 후에 다음 단락에서 또 몇 줄 살펴보고 아래로 내려갔다. 제이콥 닐슨은 F 형태로 시선이 이동하는 결과를 발표하면서 F가 'Fast'를 상징한다고 했다. 일반적으로 웹페이지에 시선이 머무는 시간을 평균 2초로 계산하는데 여기에도 아이트레킹 실험 결과가 반영된다.

산호세주립대학 지밍 리우 교수는 30세에서 45세 사이의 엔지니어, 과학자, 교사, 기업 간부, 대학원생 113명을 대상으로 읽기 습관의 변화에 대한 설문 조사를 했다. 응답자의 약 85퍼센트는 화면을 통해 문시를 읽는데 많은 시간을 투자한다고 대답했다. 읽기 습관의 변화에 대한 질문에는 81퍼센트가 "이리저리 검색하고 대충 훑어보는 수준"이라고 답했고 이전보다 더 "비선형적인 방식의 읽기"를 한다는 응답은 82퍼센트였다. '깊이 읽기'를 한다고 응답한 사람은 27퍼센트에 불과했다. 설문 조사 결과를 발표하면서 "사람들이 긴 문서를 읽는 참을성이 약해지고 있으며 인쇄된 자료를 볼 때보다 화면으로 문서를 볼 때 더 많이, 더 자주 내용을 건너뛴다."라고 했다.[4]

제대로 읽지 않으면 깊이 생각할 수 없고 자기 생각을 제대로 쓸 수 없다. 깊이 생각하지 않으면 논리와 구조가 불완전한 글이 나온다. 업무용 문서를 편집하고 교정하는 일을 하는 클레어 메이로위츠는 《비즈니스 글쓰기의 모든 것》에서 "나쁜 글이 존재하는 이유는 그만큼 엉성한 사고 과정이 있었기 때문이다."라고 했다. 행간의 의미를 이해하려고 노력하면서 깊이 읽어야 제대로 사고할 수 있고 전달력이 높은 글을 쓸 수 있다. SNS에 글을 쓸 때도 마찬가지다. 핵심도 없이 같은 내용을 반복하는 글을 읽는 사람은 없다. 책으로 펴낸다면 더 깊이 읽고 더 많이 생각해야 한다.

헤밍웨이는 글을 쓰기 전에 소설가가 등장인물에 대해서 속속들이 알아야 한다고 했다. 소설가는 등장인물의 프로필을 만든다. 어디서 태어났는지, 어떤 옷을 주로 입는지, 어떤 학교를 나왔는지 등을 정리한다. 인물의 프로필은 소설에서 그 사람이 가진 기질이나 성격을 드러낸다. 소설에서 무슨 옷을 즐겨 입고, 어떤 학교를 나왔는지 직접 언급하지 않는다. 성격, 환경, 습관을 직접 글로 쓰지 않아도 프로필을 미리 설정해야 섬세한 문장이 나온다.[5]

소통의 절반은 읽기와 듣기다. 나머지 절반도 쓰기는 아니다. 생각하고 종합하는 과정을 거쳐서 써야 하기 때문이다. 많이 읽으면 자기 생각이 글을 앞서간다. 글에서 배우는 게 아니라 먼저 내용을 파악해서 한 차원 높은 생각을 한다. 읽고 생각하는 시간이 늘어날수록 문장의 수준이 높아진다.

고전 문장은 시대를 초월해서 모든 사람에게 통한다. 수백, 수천 년 전에 지금 내가 처한 상황을 예견이라도 한 것처럼 써놓은 글을 보면 '어떻게 이런 문장을 썼을까?'라는 의문이 든다. 오래전에 쓴 문장을 지금의 학자, 경영자, 정치인은 상황에 맞게 해석하고 표현해서 사람들과 소통한다. 과학으로 증명된 사례를 들어서 설명하고 주장하는 것보다 고전의 한 문장이 더 설득력 있게 전달되기 때문이다.

고전은 시대, 나이, 성별, 직급, 신분을 뛰어넘는다. 이질적인 것 사이에 상호관계를 만들어서 복잡한 상황을 단순하게 만든다. 문제를 단순하게 해석하는 방법을 알려주어 우리가 사는 세상을 이해하고 지혜를 터득하도록 도와준다. 아주 오래 전에 철학자가 쓴 고전은 깊이 생각하도록 도와준다. 성급하게 판단하는 게 아니라 문제를 들여다보고 근원을 파악해서 한 차원 높은 생각을 하도록 도와준다. 깊게 생각하고 글과 말로 표현하면 소통하는 능력이 향상된다.

5

핵심 읽기와 쓰기로 생각을 정리한다

생각을 자극하는 읽기 방법

글을 읽으면서 알고 있는 지식과 연결해서 생각하면 이해력이 향상된다. 읽지 않으면 생각을 이어갈 수 없고 결국에는 생각하는 능력이 퇴화된다. 흔히 말실수를 하고 "생각이 짧았다"라고 자책하는 사람이 있다. 생각하는 능력을 키우지 못해서 그렇다. 생각하는 능력을 키우려면 생각을 자극하는 글을 읽어야 한다. 배움에 더 관심을 갖게 하려면 도전적이고 생각을 자극하는 글을 읽고, 읽은 다음 생각하는 시간을 충분히 가져야 한다.

입시를 준비하는 고등학생이 책을 읽는 목적은 대부분 학생부 독서 활동에 기록하기 위해서다. 입시 전문가들은 독서 활동에 기록하기 위해서 적어도 한 달에 한 권씩 읽으라고 권한다. 고등학교에 입학해서 3학년 여름방학 전까지 한 달에 한 권씩 읽으면 약 30권 정도가 된다. 교과서, 참고서, 문제집을 볼 시간이 부족한 수험생에게 적지 않은 양이다. 학교, 학원에서 독서 활동을 기록하는 방법, 면접에서 독서 활동에 관한 질문에 대답하는 방법까지 상세하게 알려준다. 읽은 책에 대해서 심층적으로 묻는 입시사정관의 질문은 정해져 있다. 책을 읽게 된 동기, 내용 요약, 읽은 후의 생각을 묻는다. 학생들은 입시를 위해서 책을 읽기 때문에 책을 고를 때도 지망하는 전공과 연관이 있는 책을 읽어야 한다고 생각한다. 그리고 서울대학교 추천 도서를 위주로 읽는다.

　서울대학교 추천 도서가 책을 읽은 동기는 될 수 없다. 전공 적합성 평가 때문에 전공과 관련된 책만 읽는 것도 좋지 않다. 대학의 입시사정관은 전공과 관련된 책과 함께 인문, 과학, 소설, 고전 등 다양한 책을 읽은 후에 어떤 생각을 했는지가 중요하다고 말한다.

　성인의 독서도 이와 다르지 않다. 다양한 분야의 책을 많이 읽는 것만큼 책을 읽은 후에 생각의 변화가 중요하다. 생각의 변화가 읽기를 통해서 얻는 자극이다. 글을 읽을 때는 누구나 머릿속에 질문이 생긴다. 하지만 질문이 생겼다는 사실조차 느끼지 못한다. 읽은 후에 독후감이나 메모를 하면 자기 머릿속에 어떤 질문이 떠올랐는지 알 수 있다. 똑같은 글을 읽어도 관심을 갖고 보는 내용은 사람마다 다르다. 머릿속의 질문이 다르기 때문이다. 모든 사람은 머릿속에 떠오른 질문의 해답을 찾으며 글을 읽는다. 글을 읽은 다음 기록하는 습관은 생각을 자극하는 가장 좋은 방법이다. 기억나는 내용과 함께 자기 생각을 종이에 적으면 생각이 시작된다. 읽기, 쓰기, 생각하기를 반복하면 사고력이 향상된다. 글을 읽고 새로운 지식·정보를 얻어야 우리 생각이 자극된다고 말하면, 영상을 봐도 지식·정보를 얻고, 생각을 자극하지 않으냐고 묻는다. 물론, 영상을 통해서 지식과 정보를 얻는다. 하지만 영상은 시각과 감정만 자극한다. 생각을 자극하지는 못한다.

심리학자들은 언어의 발전과 진화가 고차원적인 사고를 가능하게 하고 인지기술을 향상시킨다고 주장한다. 기록된 언어를 보면서 비판적인 사고가 가능하다는 의미다. 지금은 인터넷에서 동영상을 본다. 이전에는 TV가 이미지와 감정을 전달했다. TV가 비판적인 사고, 창조적 사고를 할 수 없게 만든다는 사실은 여러 가지 연구를 통해서 밝혀졌다. TV가 지식의 평준화에 큰 영향을 미친 것은 맞다. 지식의 평준화는 모든 아이디어와 의견이 같은 가치를 지니며 모든 지식과 추론은 동일한 결론을 지향하게 된다는 것을 의미한다.[1]

글을 읽기보다 영상 콘텐츠를 소비하는 시간이 압도적으로 많은 사회에서 사람들의 생각은 정치적, 이념적으로 비슷하게 될 수밖에 없다. 영상은 새로운 아이디어를 떠올리게 하는 힘이 없기 때문이다. 다시 말해서, 생각을 자극하지 않으면 모두 똑같은 의미로 이해할 뿐 스스로 생각하고 그 생각을 표출할 줄 모르는 상태가 된다. 남들과 같은 생각을 하고 다수의 의견에 동조하면 생각하는 능력은 퇴화한다.

인간은 누구나 생각한다. '오만 가지 생각'이라는 표현이 있다. 한 시간에 이천 가지 생각을 하고 하루 동안 오만 가지 생각을 한다는 뜻이다. 한 시간에 이천 가지 생각을 한다면, 산술적으로 0.5초마다 다른 생각을 한다는 의미다. 한 시간에 이천 가지 생각을 하는 걸 어떻게 세었는지는 모른다. 하지만 그만큼 많은 생각을 하는 건 확실하다. 셀 수 없이 많은 생각 중에는 잡념처럼 쓸데없는 생각도 있고 걱정도 있다. 생각에 자극을 주면 몇 개의 생각은 좋은 아이디어로 발전한다. 이런 아이디어가 성공의 기회로 발전하기도 한다.

생각을 자극하는 시작점이 '읽기'다. 오늘 할 일을 생각하다가도 곧바로 어제 마치지 못한 일을 생각한다. 한순간도 쉬지 않고 새로운 생각을 하지만 결실을 보지못한다. 잡생각을 아이디어로 만들고 결과를 만들려면 읽고 쓰면서 생각을 자극해야 한다. 한 가지 생각에 집중하면 생각한 '그것'만 눈에 보인다. 이런 현상을 '컬러 배스 효과Color bath effect'라고 한다. 컬러 배스 효과는 색을 입힌다는 뜻으로 한 가지 색에 집중하면 그 색을 가진 사물이 눈에 더 잘 띄는 현상이다.[2]

글을 읽을 때도 마찬가지다. 필요한 내용, 즉 목표를 설정하면 우리 뇌는 글을 읽는 동안 주변에서 관련 있는 정보를 찾는다. 컬러 배스 효과에 의해서 원하는 내용이 눈에 띈다. 글을 읽고 생각을 자극하면 새로운 목표가 생긴다. 또 글을 읽고 생각을 자극하고 새로운 목표가 생긴다. 이렇게 읽기와 생각하기를 반복하는 동안 잡생각이 아이디어로, 아이디어가 기회로 발전하고 마침내 설정한 목표에 도달한다. 여기서 말하는 목표 설정이 자기 생각을 종이에 손으로 쓰는 것이다.

종이에 써서 잘 보이는 곳에 붙여두면 컬러 배스 효과가 작동한다. 필요한 정보가 눈에 보인다. 그럼, 한 단계 발전하기 위해서 새로운 목표를 정한다. 이렇게 목표를 정기적으로 갱신하면서 읽기를 계속하면 생각을 자극할 수 있고 더 나아가 의욕까지 생긴다. 이처럼 읽기와 쓰기, 생각하기는 동기를 부여하고 꼭 이루겠다는 열망을 더 강하게 만든다.

글을 읽고 재구성하는 능력

 과거와 비교해서 읽을거리는 비약적으로 늘어났다. 30년 전만 해도 정보를 얻으려면 책을 읽었다. 1980년대에는 전집이 많았다. 백과사전, 위인전, 과학 도감 등을 전집으로 샀다. 낱권으로 구입하기보다 전집으로 사는 게 유행이었다. 전집의 인기가 예전만 못하지만 어린 아이를 키우는 집에는 책장에 전집이 있다. 젊은 엄마들 사이에 입소문이 난 그림책 시리즈는 대부분 전집으로 구입한다.
 지금은 책이 아니어도 읽을거리가 많다. 스마트폰 메시지, SNS, 블로그, 신문 기사 등 매우 다양하다. 글을 읽는 기기, 방법도 다양해졌다.

'정보 홍수'라는 표현은 원하는 콘텐츠를 선택해서 보여주는 개인화 시스템 덕분에 비가 많이 와서 홍수가 나는 것처럼 재앙으로 느껴지지 않는다. 1990년대까지 정보를 전달하는 대표적인 활자 매체는 신문과 책, 잡지였다. 지금은 읽어야 하는 매체가 다양하고 콘텐츠도 과거에 비해 훨씬 늘어났다. 독서 인구가 해마다 줄어든다는 보도가 나오지만 실제로 읽는 양은 과거보다 꾸준히 늘고 있다. 단순히 읽은 책의 숫자로 읽은 양을 판단하는 것은 시대에 맞지 않다.

책을 적게 읽는 게 문제라고 하는데 진짜 문제는 읽는 양이 아니라 방법에 있다. 산호세주립대학 지밍 리우 교수는 책과 같은 종이 인쇄물이 아니라 화면으로 글을 읽을 때 사람들의 읽는 습관을 연구했다. 그는 읽는 습관을 네 가지로 구분했다.

| 대강 훑어보기 (Browsing, Scanning) | 키워드만 추려내서 읽기 (Keyword spotting, Read more selectively) | 한 번만 읽고 끝내기 (One-time reading) | 세로로 읽기 (Non-linear reading) |

첫째, 대강 훑어보기Browsing, Scanning다. 책장을 넘기며 대충 훑어보는 방식이다. '읽는다' 보다 '본다'라는 표현이 더 적합하다. 정독을 권하는 독서가는 훑어보기는 읽기의 첫 단계일 뿐 진정한 읽기가 아니라고 한다. 하지만 스마트폰, 태블릿, 노트북 등 화면으로 글을 읽는 사람들은 훑어보기만 하고 다 읽었다고 생각한다.

둘째, 키워드만 추려내서 읽기Keyword spotting, Read more selectively다. 일단 훑어보

고 필요한 부분을 선택한 다음 읽을 수도 있고 차례에서 필요하다고 생각하는 내용으로 이동해서 읽을 수도 있다. 프로그램의 '찾기' 기능을 이용해서 필요한 내용이 나오면 그 부분만 정독할 수도 있다. 이런 방식이 가장 효율적인 읽기라고 생각하는 사람이 있다. 하지만 앞뒤 글을 이해하지 않아서 의미를 왜곡할 가능성이 있다.

셋째, 한 번만 읽고 끝내기 One-time reading 이다. 모든 글을 한 번만 읽는 것이다. 독서법에서 말하는 재독 다시 읽기 은 하지 않는다. 주제가 비슷한 글을 검색해서 읽을지언정 같은 글을 반복해서 읽지 않는다.

넷째, 세로로 읽기 Non-linear reading 다. 세로로 읽는 모습은 속독과 유사하다. 글을 왼쪽에서 오른쪽으로 한 줄씩 읽지 않아서 읽는 속도와 양이 비약적으로 늘어났다. 빨리 읽으려고 또는 필요한 정보만 찾아서 읽으려고 대충 읽는다. 한 줄씩 집중해서 읽지 않고 계속 스크롤 한다. 나이가 적을수록 화면을 스크롤 하며 세로로 읽는 습관은 몸에 더 빨리 밴다.

노르웨이 스타방에르대학의 앤 망겐 교수는 화면으로 글을 읽는 것과 종이로 글을 읽는 것의 차이점을 살펴보기 위해 대학원생 50명을 대상으로 실험을 했다. 같은 내용의 단편 추리소설을 포켓북 형태의 종이책과 킨들로 나눠 읽게 한 다음 책을 읽는 데 걸린 시간, 감정 반응, 이해도 등을 측정했다. 읽는 데 걸린 시간, 읽고 난 후의 감정, 내용의 이해도는 비슷했다. 한 가지 차이는 종이책으로 읽은 학생들이 이야기를 재구성하는 능력이 더 출중했다는 것이다. 앤 망겐 교수는 종이책의 촉감과 같은 물리적인 차이가 원인일 수 있다고 분석했다. 종이책을 읽을 때는 책이 두꺼운지, 얇은지, 분량이 많은지, 적은지 안다. 킨들처럼 화면으로 읽으면 이런 사실을 알 수 없다. 책장을 넘길 때 손에 느껴지는 촉감도 없다. 책을 읽을 때는 내용 외에도 장소, 느낌, 시간 등을 기억한다. 책을 읽고 나서 이야기를 재구성할 때 기억을 불러낼 수 있는 요인들이 많아야 하는데 킨들, 즉 화면으로 읽은 학생들은 그런 요소가 상대적으로 부족했다.[3]

  손으로 필기한 학생들과 노트북을 사용한 학생들을 추적하여 학습과 필기의 상관관계를 연구한 결과도 이와 비슷하다. 노트북으로 필기한 학생들이 손으로 필기한 학생보다 두 배나 많은 양을 기록하지만, 시험 성적은 손으로 필기한 학생들이 더 좋았다. '손으로 필기한 학생들이 수업 후에 더 많은 시간을 공부한 건 아닐까?'라고 생각한 연구팀은 노트북을 사용한 학생과 손으로 필기한 학생이 같은 강의를 듣게 하고 혼자서 공부하지 못하도록 강의가 끝나자마자 기록한 내용을 빼앗았다. 일주일 후에 강의 내용에 대한 시험을 봤는데 손으로 필기한 학생들이 더 높은 점수를 받았다. 연구팀은 손으로 글씨를 쓰면 내용을 더 잘 기억할 뿐만 아니라 필기하는 동안 느낀 종이의 촉감이 기억력 향상에 영향을 주고, 눈으로 보고 귀로 듣고 손으로 느낀 내용이 잠재의식에 저장된다는 결론을 내렸다.

  인간의 모든 경험은 TPO$^{\text{time, place, occasion}}$와 연결된다. 그 경험을 한 시간과 장소, 상황까지 기억에 저장된다. 나는 한동안 출근하는 지하철에서 스마트폰에 저장해둔 노래를 들었다. 출발역에서 이어폰을 귀에 꽂고 첫 곡부터 듣는다. 선곡해둔 노래를 순서대로 듣기 때문에 시청역을 지날 때는 항상 같은 노래를 들었다. 지금은 출근길에 노래를 듣지 않지만 어쩌다 시청역을 지날 때는 나도 모르게 그때 들었던 노래를 흥얼거린다. 시청역에서 그 노래가 나오도록 머릿속에 설정돼서 그런 것 같다.

수능 시험일이 다가오면 수능 시험 시간표에 맞춰서 해당 과목을 공부하라는 조언을 한다. 8시 40분에서 10시 사이에는 국어, 10시 30분에서 12시 10분 사이에는 수학, 점심 먹고 오후 1시부터 영어를 공부하는 식이다. 이렇게 공부하는 이유는 그 시간에 그 과목의 내용을 몸이 기억하도록 만들기 위해서다.

어떤 글이든지 자기가 가진 배경지식과 연결해서 내용을 재구성하며 읽어야 생각이 자극된다. 단순히 글자를 읽고 내용을 파악했다고 읽기가 끝나는 것은 아니다. 읽고 지식을 축적하고 그 지식을 활용하려면 내용을 재구성하는 능력이 필요하다. 많은 양의 글을 읽는 건 중요하지 않다. 같은 글을 읽고도 어떤 사람은 어제와 같은 삶을 살고, 또 어떤 사람은 한 단계 높은 수준으로 성장한다. 읽었다는 사실에 만족하고 그걸로 그치는 사람과 글을 읽고 얻은 지식을 활용하는 사람의 차이는 재구성하는 능력에 있다. 화면으로 글을 읽어도 내용에 깊이 빠져서 울고 웃으며 감동했다면 기억을 불러내서 이야기를 재구성할 수 있다. 종이와 화면으로 읽은 차이를 알아보기 위한 연구 결과만 보고 종이책과 인쇄물로 읽어야 제대로 된 읽기라고 생각하면 안 된다. 내용을 깊이 이해하지 않고 글자만 읽는 게 문제다. 독서전문가는 배경지식과 경험을 읽은 내용과 연결하고 다음에 나올 내용을 예측하고 비판하며 읽으라고 가르친다. 독서 노트와 중요한 문장을 옮겨 쓰라는 것도 같은 이유에서다. 내용을 옮겨 적는 궁극적인 목적은 온전히 내 것으로 만들기 위해서다. 문장을 그대로 옮겨 써서 내용을 보관할 수도 있고 키워드와 함께 느낌을 적는 것도 좋다. 작가의 문체를 배우려는 목적이 아니라면, 문장을 그대로 옮겨 적는 것보다 키워드와 자기 생각을 적는 것이 더 바람직하다. 읽은 내용을 자기만의 방식으로 구조화해서 종이에 적으면 기억에 오래 남는다. 다른 사람에게 정확하게 설명할 수 있고 그 내용이 필요할 때 기억에서 꺼내기도 수월하다.

책을 다 읽으면 완독했다는 성취감에 독서 노트를 쓴다. 책을 읽고 독서 노트를 쓰는 것처럼 유용한 기사, 짧은 글을 읽은 후에 요약하는 습관을 들이길 권한다. 나는 인터넷 뉴스, 보고서, SNS를 보다가 필요한 내용이 있으면 다이어리에 적는다. 다이어리에 쓰기 때문에 읽은 날짜를 적을 필요는 없다. 기억해야 하는 문장, 키워드를 적고 읽으면서 떠오른 생각도 간단히 적는다. 기억에 남기고 싶은 글은 SNS 공유 기능을 이용해서 저장한다. 다이어리에 적어놓았다가 나중에 다시 보면서 깨끗한 종이에 옮겨 적는다. 메모한 내용을 읽고 옮겨 적으면서 중요한 내용을 나만의 방식으로 재구성한다.

반증하며 읽기

 과학철학자 칼 포머는 "반증 가능할 수 없다면 과학이 아니다. 과학은 반드시 반증 가능해야 한다. 추측^{가설}이 거짓임을 발견함으로써 우리는 진리에 더 가까이 나아갈 수 있다."라고 했다.⁴

 칼 포머는 과학과 비과학을 구분하는 기준으로 '반증 가능성'이라는 개념을 제시했다. 쉽게 말해서, 그 생각이 틀렸음을 증명할 수 있어야 그 생각이 맞았을 때 의미가 있다. 반증 가능성의 개념을 읽기에 적용하면 어떻게 읽을 수 있을까?

 성공회대학 최진봉 교수는 텍사스주립대학 저널리즘스쿨에서 강의할 때 20여 명의 학생을 대상으로 간단한 실험을 했다. 5분 동안 시간을 주고 미국의 총인구수를 찾아보라고 했다. 학생들은 즉시 인터넷에서 검색했다. 5분 후 각자 찾은 정보를 발표해보라고 했다. 20여 명의 학생이 검색해서 찾은 미국의 총인구수는 여덟 가지로 나뉘었다. 모두 인터넷에서 검색한 정보인데 여덟 가지의 숫자가 나왔다. 미국 서든캘리포니아대학 디지털 미래 센터에서 2,000여 명의 미국인에게 인터넷에서 얻은 정보의 신뢰도에 관한 설문 조사를 했다. 응답자의 75퍼센트는 인터넷이 정보습득의 창구라고 응답했다. 인터넷에서 찾은 정보의 신뢰도에 관한 질문에는 15퍼센트만 아주 적은 부분만 신뢰할 수 있다고 응답했고 7퍼센트는 인터넷에서 제공되는 정보는 대부분 믿을 수 없다고 응답했다.[5]

  인터넷에 등록된 콘텐츠 중에는 옳은 정보도 있지만 잘못된 정보도 많다. 책은 어떨까? 의학, 건강, 과학과 관련된 책은 전문가의 감수를 받는다. 지은이와 편집자, 감수자가 오류를 찾아낸다. 인터넷 콘텐츠와 비교해서 신뢰도가 높다. 하지만 책에 쓰인 모든 내용을 전적으로 신뢰할 정도는 아니다. 건강 정보를 SNS에 올릴 경우 의사의 감수를 받는 경우는 거의 없다. 블로거는 자기가 쓴 글을 직접 편집한다. 출처도 확실하지 않은 자료를 가져다 쓴다. 출처가 확실한 정보를 인용해도 어디서 찾은 자료라고 정확히 밝히지 않는다. "미국의 한 대학에서 조사한 자료에 따르면" "정부 기관 자료에 따르면"처럼 출처를 밝히나 마나 한 문장으로 주장을 뒷받침한다. 이렇게 쓴 글이 포털사이트 메인 화면에 노출되면 많은 사람이 공유하고 '좋아요' '추천'을 누른다. 조회 수가 높고 많은 사람이 공유하면 정확한 정보인지 확인하지 않고 그대로 수용한다.

손으로 휘갈겨 쓴 글씨는 혹시 글자나 숫자가 틀리지 않았는지 확인한다. 정성을 들여서 또박또박 쓴 글씨는 휘갈겨 쓴 글씨와 비교해서 정확할 것 같은 느낌이 든다. 활자화된 정보는 어떨까? 책, 신문처럼 종이에 인쇄되어 있으면 정확하다는 생각을 한다. 책, 신문은 만드는 과정에 여러 사람이 검토한다는 사실을 알기 때문이다. 화면으로 보는 정보는 어떨까? 인터넷에 등록된 정보는 손으로 쓴 글도, 인쇄된 글도 아니다. 글자 크기, 줄 간격 모두 읽기 좋다. 인터넷에 등록된 정보는 글을 쓴 사람이 분명하고, 동일한 정보가 많고, 조회 수가 높으면 옳다고 믿는다. 옳고 그름은 읽는 사람이 주체적으로 판단해야 한다. 글쓴이도 신뢰할 수 있고 내용도 논리에 맞는 것 같다. 이런 글은 사실을 따지지 않고 그냥 믿는다. 믿을만하다고 생각하기 때문이다. 신뢰할만한 글도 한 번 더 검증해보고 반대되는 주장이 있는지 확인해야 한다. 책, 신문, 인터넷 등에서 읽는 정보가 전적으로 옳다고 믿으면 안 된다.

모든 글은 글쓴이의 관점에서 썼기 때문에 인용한 사례, 통계가 편향될 여지가 있다. 인터넷에 등록한 글의 조회 수가 신뢰성을 담보하지 않는다. 모든 사람은 자기가 보고 싶은 내용만 본다. 인터넷 콘텐츠는 검색해서 볼 수 있다. 다양한 콘텐츠가 있어도 보고 싶은 콘텐츠만 클릭해서 본다. 제목을 대충 훑어보고 자기 생각과 일치하는 것만 클릭해서 자세히 본다. 사진, 소리, 영상도 마찬가지다.

보고 싶은 것만 보고, 듣고 싶은 것만 듣는 것을 칵테일 효과라고 한다. 관심 있는 것만 보고 듣는 것은 인간의 본성이다. 때로는 왜곡된 정보만 선택적으로 읽는다. 왜곡된 정보를 받아들이기 시작하면 옳은 정보가 눈에 들어오지 않는다. 눈으로 읽고 귀로 들은 새로운 정보에 무조건 긍정하지 말고 다른 견해도 생각해야 한다. 의심하고 부정하면서 옳고 그름을 판단하는 능력이 생긴다. 자기만의 철학과 논리도 생긴다.

그렇다면 글을 읽으면서 옳고 그름을 어떻게 알 수 있을까? 글쓴이의 지위나 명성에 의지하지 말고 의심하며 읽으면서 반대되는 자료를 찾아보면 된다. 예를 들어서, '몰입하는 방법' '효율이 높은 공부법'에 관한 글을 읽으면서 그 방법이 실제로 효과가 있는지 자료와 전문가가 소개하는 실천 방법을 인터넷에서 검색한다. 검색 결과 가운데 유명인의 체험, 전문가가 사례와 함께 잘 정리해 놓은 글과 영상을 보면서 공감한다. 이렇게 검색하면 편향된 자료를 몇 개만 보고 모두에게 적용되는 방법이라고 믿는다. 이와 같은 검색은 옳고 그름을 판단할 수 없다. 왜냐하면 글과 인터넷 콘텐츠에서 봤던 그 방법을 실천해서 전혀 효과를 보지 못한 사례를 적어도 한 사람 이상 찾을 수 있기 때문이다. 글쓴이는 주장에 맞는 사례와 근거만 모아서 논리를 만든다. 글쓴이의 주장과 반대되는 사례나 근거를 읽는 사람이 찾지 않으면 한쪽으로 치우친 정보만 얻게 된다.

핵심을 찾기 전에 우선 내용이 정확한지 확인한다. 내용의 정확성은 객관성, 타당성, 효용성을 기준으로 판단한다.

내용의 정확성을 판단하는 세 가지 기준

기준	내용
객관성(objectivity)	일반적인 상식과 논리에 맞는지 확인하는 기준이다.
타당성(Validity)	형식·절차가 올바른지 확인하는 기준이다.
효용성(Utility)	개인의 선호도 또는 가치를 의미한다. 개인이 주관적으로 느끼는 만족의 정도를 나타낸다. 효용성은 개인·조직에 따라 다를 수 있다.

　글쓴이의 주장과 논리, 제시된 자료의 출처, 신뢰할만한 근거인지 등을 판단하면서 읽는다. 동영상 콘텐츠도 마찬가지다. 비판적 시고는 많은 사람이 옳다고 믿는 사실이나 의견에 대해서 의문을 제기하면서 시작된다. 누구나 글을 쓰고 콘텐츠를 만드는 시대이기 때문에 비판적 읽기 능력이 더 중요해졌다. 글을 읽는 과정에서 비판적인 시각을 가져야 하고 여기서 한발 더 나아가 정확성·신뢰성을 판단하는 방법을 실천해서 내용의 진위를 가려야 한다. 핵심을 찾는 데만 몰두해서 정확한 정보인지 판단하는 과정을 건너뛰면 안 된다. 글쓴이의 주장이 한쪽으로 치우쳐 있거나 주관적이지 않은지도 검증해야 한다. 글을 읽는 동안 오류와 반박의 여지가 없는지 점검하는 과정을 거쳐서 정보의 옳고 그름을 판단한다.

논리적인 글이 모두 옳은 건 아니다

저명한 학자가 쓴 책, 연구소에서 발행한 보고서, 조회 수가 높은 콘텐츠, 통계자료와 인터뷰로 구성된 기사를 읽으면서 글이 논리적이어서 잘 읽힌다는 느낌이 들 때가 있다. 앞뒤 문장이 연결되고 일관된 흐름으로 막힘이 없으면 논리적이라고 느낀다. 많은 사람이 '논리적이면 옳다'라고 믿는다. 논리적인 글은 대부분 이해하기 수월하다. 하지만 문장이 논리적이라고 해서 내용이 모두 옳다고 말할 수는 없다. 논리적으로 옳지만, 현실과 동떨어져 있거나 사실과 다른 경우도 많다.

글을 읽고 생각을 정리하려면 우선 '논리'의 개념을 분명히 알아야 한다. '논리적이다'라는 말은 대체 무엇일까? 논리와 과학은 아무런 관계가 없다. 과학적으로 증명된 법칙도 시간이 지난 뒤에 새로운 사실이 발견되면 법칙은 수정된다.

우리가 믿는 논리가 절대적이지 않다는 사실을 보여주는 우화가 있다. 망아지 한 마리가 강둑에서 강을 건널지 말지 고민하고 있다. 이때 황소와 다람쥐가 지나간다. 황소는 강이 얕으니 건널 수 있다고 말하고 다람쥐는 강이 깊어서 건널 수 없다고 말한다. 여기서 중요한 것은 강의 깊이가 아니다. 황소에게 강을 충분히 건널 수 있을 만큼 얕다. 다람쥐에게 강은 빠져 죽을 정도로 깊다. 황소는 강을 건널 수 있지만, 다람쥐는 건널 수 없다. 황소와 다람쥐는 망아지에게 자기 기준에 따라 강을 건너라고 하고 건너지 말라고 한다. 황소의 논리로는 강을 건널 수 있다. 다람쥐의 논리로는 강을 건널 수 없다. 논리에는 반드시 기준이 필요하다. 사람들은 각자의 기준에 따라 논리를 만든다. 기준에는 절대적인 기준과 상대적인 기준이 있다. 강의 깊이는 절대적인 기준이고 황소와 다람쥐의 기준은 상대적인 기준이다.

논리에 맞는 것과 옳고 그른 것은 다른 차원의 문제다. 간접흡연의 유해성을 주장하던 학자가 담배회사에서 자금을 지원받은 후에 간접흡연의 피해가 과장됐다는 주장을 하며 기존의 연구 결과를 뒤집은 사건이 있다. 2001년에 일어난 릴란데르 교수 사건이다. 이 사건 후에 담배회사가 돈으로 자신들이 원하는 연구 결과를 사들인다는 사실이 세상에 알려졌다. 간접흡연의 유해성이 과장됐다는 주장에도 논리는 있었다. 하지만 공중의 안전을 심각하게 위협할 수 있기 때문에 스위스 제네바대학의 릴란데르 교수는 유럽연합 건강·환경 분야 전문위원직을 박탈당했다.

  수학적으로 또는 문법적으로 논리적이라고 말하는 것도 마찬가지다. 유명한 연구소 이름이 출처로 적혀 있다면 더 확인하지 않고 자료를 인용한다. 글을 읽기 전에 그 글을 쓴 사람이 어떤 사람인지 먼저 확인해야 한다. 글쓴이가 대단한 직함을 가지고 있다면, 그 사람이 쓴 글이 논리정연하다면 옳다고 믿는다. 다른 의견을 제시하지 않는다. 권위에 설득당하면 이런 일이 자주 일어난다. 책이든 보고서든 모두 옳을 수는 없다. 의심하며 읽으라고 가르치지만, 권위 앞에서 의심의 벽은 힘없이 허물어진다. 책이 모두 옳거나 진리를 말하는 경우는 결코 없다. 책에 있는 내용은 일부를 제외하고 대부분 진리에 근접한 가설이다. 그렇다고 글을 읽는 동안 옳은가 옳지 않은가를 따지며 보는 것도 제대로 읽는 것은 아니다. 글을 읽는 동안은 자기 경험과 지식에 비추어 보면서 정보를 적극적으로 받아들인다. 그런 다음 생각을 정리하면서 질문한다. 질문에 대한 해답을 찾으면 옳고 그름을 판단하고 새로운 생각도 할 수 있다. 쇼펜하우어는 책을 읽은 후에 생각을 정리하는 이유를 다음과 같이 이야기했다.

  "독서에만 전념하는 한, 우리의 머리는 타인의 사상이 뛰노는 운동장에 불과하다. 하루를 독서에 허비한 부지런한 사람은 스스로 생각하는 힘을 잃어간다. 끊임없이 계속 읽기만 할 뿐, 읽은 것을 나중에 다시 생각해 보지 않는다면 정신 속에 뿌리를 내리지 못한 채 대부분 다 잃고 만다."[6]

학교에서는 질문하며 읽기, 비판하며 읽기를 가르친다. 하지만 글을 읽으면서 질문하고 비판하기는 굉장히 어렵다. 읽는 동안 글쓴이의 논리에 고개를 끄덕이고 글을 쓴 사람의 권위에 복종하게 된다.

서울대학교에서 글쓰기 강의를 하는 이상원 교수는 《서울대 인문학 글쓰기 강의》에서 칼럼을 읽고 난상토론 하는 방식의 수업을 설명했다. 글쓴이 정보를 지우고 칼럼이라는 사실도 알리지 않은 채 학생들에게 글을 나눠준다. 글의 제목이 적절한지, 수정한다면 어떻게 고치고 싶은지 토론하고 누가 쓴 글인지 추측해보게 한다. 그러면 "일반인이 게시판에 쓴 글처럼 보인다" "글을 많이 써본 사람이 아닌 것 같다"는 의견이 나온다. 학생들에게 어느 대학 교수가 쓴 글이라고 말하면 학생들이 놀란다. 글쓴이 정보를 지우는 이유는 권위에 눌려서 글에 대해서 학생들이 생각을 말하지 못하는 사태를 막기 위해서다.

로버트 치알디니는 《설득의 심리학》에서 권위자의 명령에 옳고 그름을 분석하는 데 전혀 신경쓰지 않고 무의식적인 차원에서 자동으로 권위에 대한 복종이 이루어진다고 했다. 실제로 많이 배우고 학식이 많은 사람이 쓴 글은 모두 옳다는 선입견을 가지고 읽는다. 그 사람이 쓴 글의 진위여부를 확인하려고 하지 않고 무조건 옳다고 믿는다. 이런 오류를 방지하기 위해서 비판하며 읽으라고 권한다.

권위와 논리의 함정에 빠지면 편향된 정보만 받아들인다. 누가 썼든지, 어떤 논리로 썼든지 글 속에 숨어 있거나 생략된 내용이 분명히 있다. 아무런 의심 없이 내용을 받아들이지 말고 생략된 부분에서 편견과 왜곡이 없는지 추측하고 글쓴이의 의도와 목적, 내용 등을 자기 관점에서 생각하면서 읽어야 한다.

읽은 후에 무엇을 어떻게
하는지가 중요하다

읽고 생각하고 쓰면서 정보는 지식이 되고 지식은 지혜가 된다. 머리에 지혜가 많아도 실천하지 않으면 아무것도 아니다.

교육학자 존 듀이는 이렇게 말했다.

"앎은 행동과 그 행동의 결과가 어떤 관련이 있는지에 대한 인식이다. 이러한 인식의 토대로 불필요한 시행착오를 줄이고 더 나은 행동을 이끄는 것이 바로 앎의 요체이다."

지식을 쌓는 건, 즉 읽기는 목표가 아니다. 1년에 100권 읽기처럼 책 읽기 목표를 정하는 사람이 있다. 읽기는 목표가 아니라 수단이다. 목표는 행동과 변화다. 실천하느냐, 실천하지 않느냐에 따라서 결과는 다르다. 단지 읽기만 해서는 성장할 수 없다. 실천 독서를 강조하는 민도식 대표는 《나를 확 바꾸는 실천독서법》에서 독서는 하지 않고 독서법에만 관심을 갖는 사람을 예로 들면서 실천의 중요성을 설명했다. 책을 읽기로 마음먹었지만, 책은 읽지 않고 빨리, 많이 읽는 방법만 찾으려고 하는 사람이 의외로 많다.

책을 읽지 않고 독서법만 익힌다고 바뀌는 것은 없다. 기본을 익히지 않은 채 기술만 익혀서 위대해지는 일은 세상에 없다. 효과를 봤다는 독서법, 공부법을 찾아다니며 성공한 사람들의 방법론을 열심히 비교·분석한다. 하지만 자기만의 방법은 없다. 자기만의 방법이 있을 수가 없다. 효과가 있다는 방법을 실천해서 자기에게 맞는지, 정말 성과가 있는지 경험하지 않았기 때문이다.

무엇을 어떻게 추구할 것인가

구분	A	B
추구하는 목표	목적	수단
접하는 대상	본질	현상
달성하는 방법	Why(왜)	How to(어떻게)

참고문헌_민도식 지음, 《배움력》, (북포스, 2016)

목적과 본질, 왜는 중요하고 수단과 현상, 어떻게는 중요하지 않다는 게 아니다. 목적과 그것을 하는 이유를 명확하게 정했다면 수단을 실행해서 결과를 만들어야 한다. 글을 읽는 최종 목적은 더 나은 행동을 하는 것이다. '읽고 실천하지 않는 사람이 설마 나는 아니겠지'라고 생각하는 사람이 있을지도 모른다. 알고 보면 거의 절대다수가 읽고 실천하지 않는다. 아주 극소수만 읽고 실천한다. 다이어트 방법과 부자가 되는 방법을 설명하는 책이 무수히 많고 계속 출간된다. 책을 읽은 사람들이 모두 원하는 몸매를 갖고, 부자가 되었다면 이런 책은 더 나오지 않을 것이다. 하지만 대부분 원하는 몸매를 갖지도, 부자가 되지도 못했다. 가장 큰 이유는 읽고 실천하지 않았기 때문이다.

읽기는 첫 번째 노력이고 실천은 두 번째 노력이다. 책을 많이 읽기보다 알고 있는 것을 실천하는 것이 더 중요하다. 기업도 마찬가지다. '독서경영'이 공부하는 직장인·기업을 만드는 방법으로 효과가 증명된 지 30여 년이 지났다. 업무에 도움이 되는 책을 읽고 지식을 공유하면 기업과 개인 모두에게 이롭다. 독서경영의 목표는 전문성, 창의력 증진이다. 독서경영은 피터 드러커의 '지식경영'에서 시작된 우리나라만의 직장문화다. 내가 다녔던 회사 두 곳에서도 독서경영을 실천했다. 책을 읽고 토론하는 것까지는 같았다. 차이점은 책을 읽고 실천하는 데 있었다. 한 곳은 책을 읽고 팀별로 토론하고 독후감을 제출했다. 차장급 이상 관리자들이 독후감을 검토한 다음 잘 쓴 직원에게 상품권을 주었다. 처음에는 상품권을 받기 위해서 독후감을 제출했지만, 시간이 지나면서 독후감을 정성껏 쓰는 직원은 점점 줄었다. 다른 곳은 팀마다 업무에 필요한 책을 선정해서 각자 페이지를 할당해서 읽고 자기가 읽은 부분을 설명한 다음 업무에 활용할 수 있는 부분에 관해서 자기 생각을 말했다. 실현 가능성이 있으면 전사적으로 공지해서 실천했다. 직원이 말한 내용을 발전시켜서 전사적으로 업무에 활용해도 회사가 직원에게 주는 보상은 없었다. 자기가 제시한 방법으로 효과를 보았다는 피드백이 나오면 어깨가 으쓱할 뿐이었다. 시간이 지날수록 업무에 적용할 수 있는 방법으로 생각한 자기 의견을 제시하는 직원이 늘어났다.

책을 읽고 실천하지 않으면서 다이어트 책과 부자가 되는 책을 끊임없이 산다. 책 내용과 자기 상황이 다르기 때문에 실천할 수 없다고 변명한다. 기업도 다르지 않다. 경영컨설턴트에게 자문을 받고 혁신기법과 선진 시스템을 도입한다. 하지만 제대로 실천하지 않아서 혁신은 실패하고 고가의 시스템도 무용지물이 된다. 비용을 들여서 도입한 시스템을 적용해서 장단점을 파악했으니 절반의 성공이라고 위로하지만 실천하지 않고 실패했다면 아무것도 얻지 못한 것이다.

우리는 뉴스, 책, 콘텐츠 등 무수히 많은 글을 읽는다. 읽고 배운 것을 모두 실천할 수는 없다. 읽은 대로 실천하려면 실천 동기, 환경, 시간 등 여러 가지 조건이 충족되어야 한다. 환경과 시간이 맞지 않아서 실천하지 않으면 그 배움은 미완성 상태로 그친다. 배우고 학습했다면 어떤 형태로든 실천해야 한다. 장단점만 따지지 말고, 오늘 읽은 내용을 오늘 안에 하나라도 실천하기 바란다.

배경지식과 연결하기

　가끔 이럴 때가 있다. 방금 읽었는데 내용이 기억나지 않는다. 가십 기사처럼 기억할 필요가 없는 내용도 있다. 필요해서 읽었는데 머리에 남아 있지 않다면 그것은 문제다. 글을 읽었다면 지식과 정보를 의식적으로 기억하려고 노력해야 한다. 모든 내용을 애써 기억하는 것이 아니라 중요한 문장 하나 또는 키워드 몇 개만이라도 자기만의 방법으로 머리에 담고 나머지는 굳이 기억하려고 애쓰지 않는다.

　시험을 보려고 암기하는 게 아니라면, 가장 중요한 문장 하나와 키워드 몇 개만 기억에 남기면 된다. 읽어야 하는 자료가 많다면 주요 단락에서 문장 하나, 키워드 한두 개만 메모한다. 기억에 남기려는 문장은 읽은 내용 중에 발췌해도 좋고, 직접 요약하면 더 좋다. 이런 방식으로 기억하면 며칠 또는 일주일 뒤에도 많은 내용을 기억할 수 있다.

인간의 뇌는 입력된 정보를 잠을 자는 동안 정리하고 기억에서 꺼내서 쓸 수 있는 상태로 만든다. 이런 현상을 레미니선스 현상^{Reminiscence Phenomenon}이라고 한다. 잠을 자는 동안 머리에 저장된 기억을 정리하고 이용하기 쉬운 상태로 바꿔놓는다. 이 현상은 꿈을 꾸는 램 수면 시간에 활발하게 이루어진다. 잠을 자는 동안 중요하지 않은 정보는 잊어버리고 중요한 정보, 기억해야 하는 정보를 선별해서 기억에 남긴다. 기억 속에 비슷한 정보가 있으면 하나로 묶는다. 새로운 정보와 이미 알고 있는 정보를 비교해서 효율적으로 기억할 수 있는 상태로 만든다. 이미 알고 있는 정보와 지식이 많을 수록 레미니선스 현상은 더 활발해지고 새로운 내용을 기억하기도 쉽다. 글을 읽어서 얻은 새로운 정보는 처음 봤기 때문에 익숙하지 않다. 유용한 정보를 모두 기억할 수 없는 것도 익숙하지 않기 때문이다. 읽은 내용 가운데 핵심적인 부분만 기억해야 하는 이유도 마찬가지다. 정보를 요약하거나 일부만 머릿속에 넣고 휴식을 취한다. 정보가 뇌에 정착되는 시간을 주기 위해서다. 정보의 일부분만 기억해도 배경지식과 연결되면 하나의 큰 덩어리가 된다. 머릿속에서 저절로 구조화되는 것이다.

어떤 주제를 기억하려고 할 때, 모두 기억하려고 하면 하나도 기억에 남지 않는다. 주제와 관련된 부분 또는 가장 인상 깊었던 부분에 주의를 기울인다. 내용을 작게 나누고 그 가운데 강한 인상을 준 단어만 기억한다. 글을 읽을 때 분해하고 분석하는 능력을 사용하지 않으면 정보를 지식으로 만들기 어렵다. 복잡한 동작을 배우려면 그 동작을 구성하는 구분 동작을 먼저 몸에 익힌다. 각각의 구분 동작을 할 수 있으면 전체 동작도 무리 없이 해낸다.

처음 읽을 때 일부분만 기억하고, 두세 번 반복해서 읽으면서 연결되는 내용을 추가로 기억하면 이전에 알고 있던 지식과 결합해서 정보는 계속 확장된다. 읽기 기술 중에 '트레이싱'이 있다. 트레이싱은 '트레이스trace, 흔적을 쫓는다'라는 의미다. 자기가 읽은 내용을 추적하는 것이다. 기억한 문장과 키워드를 시작으로 읽었던 정보를 추적한다. 읽은 내용을 추적할 때는 부담 없이 생각나는 대로 떠올린다. 기억나는 단어, 문장, 내용을 종이에 쓰면 더 좋다. 생각나는 게 없을 때까지 계속 떠올린 다음 기준을 정해서 분류한다. 이렇게 하면 알고 있는 지식과 읽어서 얻은 새로운 정보 사이에 연결 고리가 생긴다. 머릿속의 지식과 새로운 정보가 구조화되면 필요할 때 즉시 꺼내서 쓸 수 있다.[7]

읽기에 익숙하지 않은 사람은 글을 읽으면서 새로운 정보만 계속 얻으려고 한다. 이미 알고 있는 정보, 익숙한 내용은 다시 읽으려고 하지 않는다. 새로운 정보를 머릿속에 기억하는 가장 효과적인 방법이 기존의 지식과 연결하는 것이다. 새로운 정보를 얻는 것도 중요하고 이미 알고 있는 지식과 연결 고리를 만들고 그 지식을 활용하는 것은 더 중요하다. 글을 읽는 동안 알고 있는 지식과 연결하는 습관을 들여야 한다.

알고 있는 지식과 연결해서 생각하는 데 익숙해지면 두 가지 장점이 있다. 첫째, 글을 읽고 이해하는 능력이 향상된다. 둘째, 지식을 실천하는 방법을 터득한다. 새로운 정보를 지식과 연결하면 지식의 폭을 넓히고 단순히 아는 것에서 벗어나 실천하는 지식으로 활용할 수 있다.

글을 읽으면서 알고 있는 지식과 연결하는 전략을 KWL$^{Know\text{-}Want\ to\ Know\text{-}Learned}$라고 한다. 글의 제목 또는 첫 단락을 보고 기존에 알고 있는 지식을 떠올리고^{Know}, 글을 읽는 동안 알고 싶은 것이 무엇인지 생각하고$^{Want\ to\ know}$, 자기가 알고 있는 지식이 맞는지 확인하며 다 읽은 후에는 지식과 연결해서 정리하는 것^{Learned}이다. 이런 과정을 거치면 읽은 내용을 확실하게 이해하고 기억에 저장되는 정보의 양도 늘릴 수 있다.[8]

배경지식과 새로운 정보를 연결하는 과정은 연습하면 누구나 익숙해진다. 문장, 키워드를 시작으로 알고 있는 지식을 연이어 떠올리는 연습을 한다. 그러면 기억은 선명해진다. 새로운 정보를 어디에, 어떻게 활용할지 아이디어도 떠오른다. 미국 대학에서 내주는 과제는 거의 모두 책을 많이 읽어야 해결할 수 있다. 하버드 경영대학원의 사례 연구법에서 설명한 것처럼 읽고 자기가 가진 지식과 연결하지 않으면 방대한 자료를 기억할 수 없다. 새로운 아이디어가 필요할 때 바로 떠올리려면 지식과 정보를 연결하고 저장하는 방법을 터득해야 한다.

정보를 지식으로 만드는 읽기 방법

아이들에게 읽기를 더 효과적으로 가르치기 위해서 글을 읽은 후에 '예전 생각Old Thinking'과 '새로운 생각New Thinking'을 노트에 쓰라고 시킨다. 노트를 세로로 반 접어서 두 칸으로 나눈다. 왼쪽에는 알고 있는 지식을 쓰고 오른쪽에 새로 배운 내용을 각각 쓴다. 이런 방법으로 정리하면 생각이 어떻게 변하고 발전하는지 알 수 있다.

인터넷 뉴스를 읽다 보면 신조어와 새로운 개념이 자주 나온다. 줄임말은 풀어쓴 말을 알면 무슨 뜻인지 이해한다. 과거에 없었던 개념이나 새로운 사상이 나오면 확실히 이해해야 정보를 얻는다. 교육 현장에서는 호기심을 자극하기 위해서 다양한 정보가 담긴 잡지와 지구본, 지도, 동영상 등을 준비한다. 학생은 읽고 쓰고 그림을 그린다. 자기가 알고 있는 지식을 말하고 다른 사람의 지식을 읽고 보고 듣는다. 그러는 동안 모르는 내용이 나오면 질문하고 궁금한 것은 혼자 또는 함께 찾아서 학습한다. 배움은 또 다른 질문을 만들어낸다. 우리가 알고 있는 거의 모든 지식은 이런 과정을 통해서 축적된다. TV의 지식 정보 프로그램은 새로운 사실 하나를 전달하기 위해서 역사적인 배경과 과거의 학자들이 이룬 업적, 현재 어디에 어떻게 활용하는지, 미래의 발전상까지 순서대로 보여준다. 화면을 보고 있으면 눈앞에 지식과 정보가 계속 지나간다. 제공하는 정보를 받아들이기만 하면 된다. 하지만 이렇게 습득한 정보는 오래 가지 않는다.

반면, 직접 찾아서 배운 정보와 지식은 오랫동안 기억에 남는다. 강의를 듣거나 교육 프로그램에 참여해서 얻은 정보는 사고^{思考} 과정을 통해서 자기 것으로 만들지 못하면 지식이 되지 않는다.

정보를 지식으로 만드는 과정에는 사고가 필요하다. 사고는 지식을 얻은 후에 하는 게 아니다. 읽기 교육에서 질문하며 읽기를 강조하는 이유는 이해해야 질문이 생기기 때문이다. 학습을 위한 읽기는 '실제 세상 읽기'와 '내용 중심 읽기'로 나뉜다. 실제 세상 읽기는 신문, 잡지, 논픽션, 역사 소설 읽기다. 내용 중심 읽기는 학습을 위한 읽기다.'

인터넷은 생각하고 탐구하며 읽는 데 최적의 환경을 제공한다. 내용을 이해하고 궁금증이 있으면 지적 이해^{Comprehension}뿐만 아니라 종합적 이해^{Understanding}까지 가능하다. 단, 너무 많은 정보^{Too Much Information}에 매몰되지 않는다면 자기가 알고 있던 지식에 새로운 정보를 더해서 깊이 있는 읽기가 가능하다.

예를 들면 이런 식이다. 토머스 맬서스는 인구에 대한 사회 문제를 다루는 글에서 자주 거론된다. 인구가 줄어도 문제고 인구가 늘어나도 문제다. 토머스 맬서스는 경제에 기반해서 《인구론》을 썼다. 이 책이 나온 시기는 1798년이다. 맬서스는 인구의 증가는 기하급수적이고 생활에 필요한 물자는 산술급수적으로 증가하기 때문에 인구가 늘어나면 가난한 사람이 늘어난다는 인구법칙을 주장했다. 인구론을 이해하려면 맬서스가 살았던 18세기 영국의 상황부터 알아야 한다. 《인구론》을 깊게 이해하려면 산업혁명, 인클로저 운동, 생산성, 당시 사회제도에 대한 배경지식이 필요하다. 이와 함께 애덤 스미스의 '보이지 않는 손'의 개념도 알아야 한다. 대부분의 고전이 그렇듯 《인구론》을 완독한 사람은 그리 많지 않다. 경제와 인구의 상관관계가 궁금해도 《인구론》을 다 읽지는 않는다. '보이지 않는 손'의 개념을 이해하려고 《국부론》을 읽는 사람도 많지 않을 것이다. 산업혁명, 인클로저 운동도 마찬가지다.

인터넷 검색이 가능해서 관련 있는 정보를 즉시 찾아볼 수 있다. 글과 사진, 이미지 외에도 관심 있는 주제에 대한 동영상을 볼 수도 있다. 정보가 필요할 때, 주제와 관련된 내용을 통합해서 가르쳐주는 선생님이 있으면 좋겠지만, 다방면의 주제를 만물 박사처럼 척척 가르쳐주는 선생님은 없다. 반면, 인터넷에는 사회, 과학, 역사 지리 등 모든 분야의 정보가 있다. 적극적으로 콘텐츠를 읽는다면, 다른 매체와 비교하며 깊이 파고들면서 정보를 얻기가 매우 쉽다.

실제로 강의를 듣고, 누군가의 가르침을 받는 것보다 직접 읽고, 듣고, 조사하면서 토론하고 다른 사람의 의견을 듣는 동안 더 많이 배운다. 무엇보다 배우는 동안 생각했기 때문에 정보가 지식으로 기억에 남는다. 백 번 듣는 것보다 한 번 보는 게 낫다는 말처럼 백 번 교육받는 것보다 한 번 직접 찾아서 공부하는 게 낫다.

인터넷에 떠도는 검증되지 않은 몇몇 정보 때문에 책을 통해서만 가치 있는 지식을 배운다는 사고방식은 시대에 뒤처진 생각이다. 책을 읽는 목적이 정보를 얻고 지식을 쌓기 위해서라면 인터넷만큼 효과적이고 경제적인 매체는 없다. 연령별 독서량을 발표하면서, 1년 동안 학생이 읽은 책의 숫자가 해마다 줄어든다고 걱정한다. 디지털 네이티브[Digital native]라고 부르는 요즘 아이들은 종이에 인쇄된 글보다 모니터로 보는 글에 더 익숙하다. 앞으로는 책에서 배우는 지식보다 인터넷과 휴대폰으로 습득하는 정보가 훨씬 더 늘어날 것이다. 인터넷과 스마트폰으로 검색해서 정보를 얻는 게 전혀 이상하지 않은 시대에 책만 고집할 필요는 없다. 책을 읽느냐, 인터넷으로 검색하느냐보다 중요한 것은 사고, 즉 생각이다. 정보를 내 것으로 만들려고 책 한 권을 끝까지 읽을 필요는 없다. 파편화된 정보도 사고 과정을 거치면 지식으로 거듭난다.

종이에 쓰면서 생각을 정리한다

 글을 읽다가 좋은 문장을 발견하거나 갑자기 좋은 생각이 떠오를 때가 있다. 책을 읽고 있었다면 기억하고 싶은 내용에 밑줄을 긋거나 페이지 끝을 접어둔다. 종이에 인쇄한 자료를 읽을 때는 자기 생각을 여백에 메모한다. 책을 깨끗하게 봐야 한다고 믿는 사람은 포스트잇에 생각을 적어서 페이지에 붙인다.

 컴퓨터나 스마트폰으로 읽고 있다면 어떻게 해야 할까? 인터넷 콘텐츠는 대부분 공유 기능을 제공한다. 공유 기능을 이용해서 SNS에 공유하거나 메모장, URL 저장 프로그램 등을 이용해서 콘텐츠를 저장한다. 이렇게 저장하는 이유는 나중에 다시 보기 위해서다. 하지만 다시 보는 사람은 많지 않다.

좋은 문장을 보거나 좋은 생각이 떠오르면 종이에 적는 방법이 가장 효과가 좋다. 수첩, 아이디어 노트에 적어도 되고 전단 뒷면, 이면지, 메모지에 적어도 된다. 전단이나 이면지에 대충 적어두었다면 수첩이나 아이디어 노트 또는 스마트폰 앱에 다시 옮겨 적는다.

소설가 이노우에 하사시는 책을 읽다가 공감하는 문장이나 '바로 이거야!'하고 아이디어가 떠오르면 즉시 펜으로 밑줄을 긋고 자기 생각을 쓴다. 책을 다 읽은 후에 밑줄 친 문장만 모아서 옮겨 적으면 축약본이 완성된다. 밑줄 친 부분만 다시 읽으면서 전체 내용을 떠올린다. 그는 "읽은 책은 손이 기억한다. 문장을 그대로 베껴 쓰는 것이 책을 기억하는 가장 좋은 방법이다."라고 했다.

박상배 독서경영 컨설턴트는 《본.깨.적》에서 책에서 본 것을 깨닫고 삶에 적용하는 독서법을 소개했다. '본.깨.적'은 책을 읽으면서 본 것, 깨달은 것, 적용할 것을 정리하는 적극적인 독서법이다. 수집한 자료를 읽을 때도 본.깨.적 독서법을 적용하면 좋은 아이디어를 얻을 수 있다. 자료를 읽으면서 본 것, 깨달은 것, 적용할 것을 구분해서 메모하면 대충 훑어볼 때보다 훨씬 더 많은 정보가 기억에 남는다.

종이에 쓰면서 얻는 장점은 크게 두 가지다. 첫째, 생각이 정리된다. 생각을 종이에 적는 동안 아이디어가 발산한다. 복잡해서 이해하지 못하거나 해결책이 떠오르지 않을 때, 종이에 적으면 잠재의식에 있던 아이디어가 의식 영역으로 나온다. 둘째, 종이에 적는 동안 생각에 집중한다. 종이에 쓰기 전까지는 문제의 원인을 알 수 없었지만, 종이에 쓰면 당장 해결할 수 있는 사소한 문제로 바뀌기도 한다.

머리로만 생각하지 말고 종이에 쓰면 생각이 깊어진다. 그림을 그리든 글로 쓰든 상관없이 종이에 적으면 머릿속에 생각이 종이에 옮겨진다. 그러면 생각을 눈으로 볼 수 있다. 눈으로 읽고 머리로 생각하면 읽을 때만 기억에 남는다. 책을 덮으면 아무것도 생각나지 않는다. 읽은 내용이 기억나지 않는다면 제대로 읽지 않았다고 봐도 된다.

기억하고 싶은 문장, 아이디어, 읽기에 집중할 수 없게 만드는 골치 아픈 문제도 종이에 적는다. 머리로만 생각하고 기억하려고 하는 게 제일 나쁘다. 머릿속에 생각을 눈에 보이게 나타내야 문제를 해결하는 실마리를 찾을 수 있다. 글을 읽다가 갑자기 좋은 생각이 떠오르면 낙서하듯 단어만 빨리 적어야 한다. 문장으로 정리하다가 생각이 중단될 수도 있다. 글을 읽으면 알고 있던 지식과 새로운 정보가 만나서 아이디어가 나온다. 의식적으로 아이디어를 짜내지 않아도 좋은 생각이 툭툭 튀어나온다.

기억에 남기려고 메모할 때는 생각이 흩어지기 전에, 희미해지기 전에 생각나는 대로 낙서하듯 단어를 적는다. 생각을 정리할 때는 대충 적어둔 단어를 생각과 함께 문장으로 옮겨 적는다. 완전한 문장으로 기록해야 비로소 생각이 정리된다. 글을 읽다가 대충 밑줄을 쳐놓은 부분도 다시 읽으면서 그 당시에 떠올렸던 생각을 해본다. 그러면 바둑기사가 대국을 복기하는 것처럼 생각이 시작된 곳으로 거슬러 올라갈 수 있다. 이렇게 꾸준히 기록하면 기억력이 향상되고 사고력도 단련된다.

  손으로 쓰는 게 중요하다고 해서 읽기를 중단하고 메모하는 것은 좋지 않다. 훑어볼 때는 메모하지 않는다. 두 번째 읽을 때부터 메모하되 단락 또는 단원을 끝까지 읽고 밑줄을 긋고 메모한다. 한 호흡으로 끝까지 읽으면서 글의 구조를 파악한 후에 머릿속에 읽은 내용이 임시로 저장되면 그때 좋은 문장에 밑줄을 긋고 생각을 종이에 쓴다.

읽으면서 생각을 정리하는 메모 방법

처음 읽을 때	글의 구조와 핵심 문장을 찾는 데 주의를 기울인다. 메모하지 않는다.
두 번째 읽을 때	단락, 단원의 끝까지 읽고 단어, 문장을 메모한다.
반복해서 읽을 때	글의 구조를 생각하면서 중요한 내용을 다시 확인하고 메모한다.
읽기가 끝났을 때	메모한 내용을 살펴본다. 관련 있는 내용끼리 묶어서 노트에 정리한다.
시간이 지난 후에 다시 읽을 때	과거에 중요하다고 생각하지 않았는데 눈에 띄는 내용을 중심으로 읽는다.

  나는 메모지, 포스트잇에 쓴 내용은 다이어리에 옮겨 적는다. 한 권으로 묶여 있어서 수시로 펼쳐 볼 수 있기 때문이다. 구슬도 꿰어야 보배다. 생각을 적은 종이가 낱장으로 흩어져 있다면 그것은 생각을 정리한 게 아니다. 다이어리에 옮겨 적고 이따금 펼쳐본다. 이전에 적었던

글을 다시 읽어보면 똑같은 생각을 이전에도 했다는 사실을 발견한다. 이전에 했었던 생각을 다시 한 것이다.

때로는 이전에 써놓은 메모에서 생각을 발전시키기도 한다. 읽은 내용을 기록하고 생각을 정리하는 수단으로 다이어리는 매우 유용하다. 나는 글을 읽다가 아이디어가 떠오르면 다이어리에 적어둔다. 길거리 광고판에서 본 카피가 좋다고 생각되면 메모하거나 사진을 찍어두었다가 다이어리에 생각과 함께 옮겨 적는다. 사무실이나 집에서는 갑자기 떠오르는 아이디어를 다이어리 쓰기 위해 책이나 노트북 옆에 다이어리를 펼쳐 놓는다.

글을 읽고 종이에 쓰면 생각을 정리하고 핵심을 기억하는 데 도움이 된다. 단락을 읽고 반복해서 나오는 내용과 단어를 종이에 적으면 중요한 부분을 가려낼 수 있다. 밑줄을 긋고 중요한 단어를 노트에 적으면 읽는 속도가 빨라진다. 모든 글자가 똑같이 중요하다고 생각하면 읽는 시간이 길어진다.

중요한 내용은 천천히 읽고 상대적으로 덜 중요한 내용은 훑어보며 읽는다. 생각을 정리하면서 읽는 습관을 들이면 빠른 속도로 읽으면서 중요한 내용을 기억에 남길 수 있다.

6

형식을 이용하면 핵심을 찾기 쉽다

읽는 사람의 프레임

 모든 사람은 자기만의 관점이 있다. 정보를 제공하는 사람은 자기가 가진 관점에서 글을 쓰고 콘텐츠를 만든다. 이것을 프레임^{frame}이라고 한다. 언론사는 다양한 이해관계와 가치에 따라 사실을 보여주는 방향과 정도를 결정한다. 올바른 가치관을 가지려면 보수 언론과 진보 언론을 동시에 보라는 것도 프레임 때문이다. 프레임은 정보를 제공하는 쪽에만 적용되지 않는다. 책과 인터넷으로 정보를 수용하는 사람도 저마다 주관적인 관점이 있다.

 과거에는 언론과 책에서 제공하는 정보를 의심하지 않고 받아들였다. 지금은 다르다. 뉴스와 콘텐츠를 생산하는 과정에서 일부 정보를 삭제하고 과장한다는 것은 이제 모두가 안다. 사람들은 실제 상황을 정확히 인식하기 위해서 비판적인 읽기와 질문하며 읽기를 실천한다. 시대가 바뀌고 의식이 성장했지만, 여전히 전달하는 방식, 즉 프레임에 따라서 정보를 얻는 사람은 편향된 시각을 갖는다.

글을 읽는 사람의 프레임에는 여러 가지 요인이 복합적으로 작용한다. 다니엘 카너먼과 아모스 트버스키는 프레임이 어떻게 작용하는지 알아보기 위해 실험 참가자에게 다음과 같은 질문을 했다.

미국이 600명이 사망할 것으로 예상되는 질병에 대비하려 한다는 상상을 해보자. 이 질병에 대비하기 위해 두 가지 프로그램이 준비되었다. 본 프로그램의 실행으로 나타나는 결과는 다음과 같이 예상된다. A프로그램을 실행하면 200명을 살릴 수 있다. B프로그램을 실행하면 600명이 살아날 확률은 3분의 1이고, 한 사람도 살아남지 못할 확률은 3분의 2다. 두 프로그램 가운데 어느 것을 선택하겠는가?[1]

A, B 프로그램을 실행한 결과로 살아남는 사람의 숫자는 같다. 하지만 이 질문을 읽은 실험 참가자 가운데 72퍼센트가 A프로그램을 선택했다. B프로그램을 선택한 참가자는 28퍼센트로 A프로그램을 선택한 참가자의 절반도 미치지 못했다. 결과로 나타나는 수치는 같지만 표현을 다르게 해서 C프로그램과 D프로그램을 추가해도 결과는 비슷했다.

C프로그램은 실행 결과 400명이 죽는 것, D프로그램은 모두 살아날 확률이 3분의 1로 600명이 죽을 확률은 3분의 2다. A, C프로그램과

B, D프로그램이 같은 결과를 의미하지만 C프로그램을 선택한 사람은 22퍼센트, D프로그램을 선택한 사람은 78퍼센트였다. 이 실험을 통해서 표현이 정보를 받아들이는 데 영향을 준다는 사실이 증명되었다. 문제를 바라보는 관점에 따라 상황을 인식하는 방향과 대응 방안도 달라진다. 이 실험 결과를 "표현하는 방향에 따라 인식과 판단이 달라진다"라고 이해할 수도 있다.

신경과학자는 표현이 다른 설명이 인간의 감정을 어떻게 조정하는지 알아내기 위해 여러 가지 상황을 가정해서 연구한다. 육류에 지방이 15퍼센트라고 표기한 라벨보다 살코기 85퍼센트라고 적힌 라벨을 부착해서 판매할 때 사람들이 훨씬 더 많이 구입하고, 수술 중 사망할 확률이 20퍼센트라고 말할 때보다 생존할 확률이 80퍼센트라고 말할 때 두 배나 많은 환자가 수술을 선택한다. 인간이라면 누구나 85퍼센트 살코기와 생존 확률 80퍼센트를 선택한다. 이런 성향을 '프레이밍 효과 Framing effect'라고 한다. 이익을 얻을 확률과 손해를 보는 확률이 같을 경우 사람들은 이익보다 손해에 훨씬 민감하게 반응한다. 이익이 생기면 당연하다고 생각하고 조금이라도 손해를 보면 심하게 불안해한다. 확실한 이익이 보장되지 않으면 결정을 계속 미루는 것도 손실 회피 성향 때문이다. 손실 회피 성향에 프레이밍 효과가 작용해서 사람들은 지금의 상태를 유지하려고 한다. 더 나아질 거라고 예상되지 않으면 현재 상태에서 굳이 바꾸려고 하지 않는다.

미래가 불확실할수록 사람들은 더 많은 정보를 얻으려고 노력한다.

하지만 겉으로 드러난 현상만 보고 이면의 진실은 관심을 갖지 않아서 잘못된 결정을 한다. 사진에서도 이런 현상이 나타난다. 사진작가 케빈 카터가 1994년에 촬영한 〈독수리와 소녀〉 사진에는 땅바닥에 엎드려 있는 아프리카 소녀 뒤로 소녀를 바라보는 독수리가 있다. 소녀가 죽기를 기다리는 독수리처럼 보이는 이 사진은 아프리카, 전쟁, 가난, 어린이 등 여러 가지 의미가 더해지면서 큰 파장을 일으켰다. 〈독수리와 소녀〉 사진이 공개되자 사진가는 사진을 찍기보다 소녀를 구해야 했다는 비난이 거셌다. 케빈 카터는 이 사진으로 퓰리처상을 받았다. 하지만 아프리카 전쟁터에서 독수리의 먹잇감이 된 소녀를 구하지 않았다는 대중의 비난을 견디지 못하고 자살했다. 진실을 알려면 사진의 프레임에서 벗어난 것을 봐야 한다. 〈독수리와 소녀〉 프레임 밖에는 식량을 지원하기 위해 설치한 텐트가 있었다. 소녀의 엄마는 식량을 배급받기 위해 아이를 잠시 내버려 두었다. 이때 사진 속 독수리가 소녀의 뒤에 앉았다. 케빈 카터는 그 순간을 놓치지 않고 사진을 몇 장 찍었고 잠시 뒤에 독수리는 날아갔다. 소녀는 식량을 배급받은 엄마를 따라 집으로 돌아갔다. 많은 사람이 전쟁과 굶주림에 고통받는 건 사실이었지만 사진 속 소녀가 독수리의 먹잇감이 되었다는 이야기는 사실이 아니다.

비슷한 사진이 또 있다. 에디 애덤스의 〈사이공식 처형〉이다. 군인이 민간인 복장을 한 사람 머리에 권총을 쏴서 처형하는 장면을 담고 있다. 총을 든 군인이 거리에서 민간인을 학살하는 장면으로 보인다. 이 사진은 재판도 없이 민간인을 처형하는 순간을 담은 사진으로 유명해지면서 전 세계적으로 반전 시위를 일으키는 촉매가 되었다. 이 사진을 찍은 사진작가 에디 애덤스는 퓰리처상을 받았다. 사진에서 처형하는 군인은 당시에 베트남 경찰청장이다. 처형당하는 무고한 민간인은 실제로는 악명 높은 베트콩 암살부대 간부였다. 처형당한 베트콩 암살부대 간부는 수많은 여성을 강간하고 무고한 사람을 살해한 혐의로 체포되어 경찰청장에게 처형당했다. 경찰청장이 부하에게 처형을 지시했지만, 부하가 망설이자 자기가 직접 처형했다. 그 순간을 에디 애덤스는 사진에 담았다. 죽어 마땅한 짓을 저지른 베트콩 간부를 처형한 경찰청장은 한 장의 사진으로 잔혹한 사람으로 낙인찍혔고 베트남 전쟁이 끝난 후에 미국으로 망명했지만 사진 프레임 밖의 진실을 모르는 사람들은 추방을 원했다. 사진 속 경찰청장은 추방 압력을 받으며 편안한 삶을 살지 못했다. 진실을 알고 있었던 에디 애덤스는 경찰청장을 옹호하며 미국에서 살 수 있게 도와주었다.

에디 에덤스는 이런 말을 남겼다.

"내 사진에서 두 사람이 죽었다. 장군은 베트콩을 죽였고, 나는 카메라로 장군을 죽였다. 그리고 난 영웅이 됐다."

"사진은 진실의 절반만 담고 있다."[2]

진실을 알고 사진을 보면, 처형당하는 사람은 더 이상 무고한 민간인으로 보이지 않는다. 반면, 총을 쏜 경찰청장은 잔혹한 처형자가 아니라 정의의 수호자로 보인다.

이것이 프레임이다. 사람들은 보고 싶은 것만 보고, 보여주는 것만 본다. 글, 그림, 동영상을 바라보는 시각, 관점이 프레임이다. 의미가 같아도 프레임이 다르면 전혀 다른 의미로 받아들인다.

올바른 정보를 읽어내려면, 왜곡된 시각에서 핵심을 읽는 건 아닌지 되돌아보고, 정보 제공자가 편향된 시각에서 정보를 편집하지 않았는지 꿰뚫어 봐야 한다. '비판적 읽기' '질문하며 읽기'라는 가르침으로는 부족하다. 제대로 읽고 핵심을 파악하려면 프레임 바깥까지 봐야 한다. 프레임 밖을 보려면 제일 먼저 선입견을 버려야 한다. 선입견을 버리는 방법이 의심과 질문이다. 글과 사진, 영상이 보여주는 것이 전부인가? 글쓴이가 의도적으로 설명하지 않는 것은 없는가? 이익을 위해서 과장하지 않았는가?

같은 사실이라 하더라도 글쓴이, 언론사, 방송사의 관점에 따라 특정 부분을 부각한다. 글, 사진, 영상은 현실의 절반만 보여준다. 사진작가 에디 애덤스의 말처럼 눈에 보이는 정보를 통해서 얻을 수 있는 정보는 절반뿐이라는 사실을 기억해야 한다. 사실을 제대로 아는 사람의 말과 서로 다른 주장을 하는 사람의 의견에 눈과 귀를 열어야 핵심이 보인다.

끝까지 정독하지 않아도 된다

책, 긴 글 외에 사진, 영상을 볼 때도 핵심을 찾아내는 능력이 필요하다. 사진, 영상은 화면에 포함된 요소를 자세하게 설명하지 않는다. 그 순간을 놓치면 돌려볼 수 없는 영상도 있다. 빠르게 전환되는 장면에서 핵심을 파악하려면 읽는 힘이 키워야 한다. 책과 긴 글을 읽어야 다른 매체에서 정보를 얻을 때도 핵심을 제대로 읽어낼 수 있다. 글보다 사진이, 사진보다 영상이 더 많은 정보를 전달한다.

어떤 매체든지 핵심을 파악하려면 읽기 능력을 키워야 한다. 읽기가 모든 학습의 근간이라는 사실은 누구도 부정하지 않는다. 읽기는 내용을 이해하는 기초 과정이다. 읽기가 익숙하지 않으면 생각하기, 쓰기, 말하기, 모두 어렵다. 전달하는 정보와 지식이 양이 늘어날수록 효율적으로 읽는 능력은 더 요구된다.

개념과 내용을 파악하려면 제대로 읽을 줄 알아야 한다. 제대로 읽으라고 하면 처음부터 끝까지 읽으라는 뜻으로 받아들인다. 틀린 말은 아니다. 핵심을 찾아내려면 처음부터 끝까지 읽어야 한다. 하지만 처음부터 끝까지 집중해서 읽기는 어렵다. 제대로 읽으려고 첫 페이지부터 마지막 페이지까지 집중해서 읽는 건 비효율적이다. 핵심이라고 생각하는 부분을 중심으로 집중해서 읽으면 된다. 책을 처음부터 끝까지 읽겠다는 생각은 버리자. 핵심을 읽으려면 주의력과 집중력의 개념을 알아야 한다. 19세기 심리학자 윌리엄 제임스는 주의력에 대해서 이렇게 말했다.

"누구나 주의력이 무엇인지는 알고 있다. 주의력은 동시에 떠오르는 생각 중에서 하나를 명료하고 생생하게 마음에 담는 것이다. 그것은 몇 가지 일을 효율적으로 처리하기 위해 다른 일들을 제쳐놓는 것을 의미하고, 혼란스럽고 멍하고 산만한 것과는 완전히 반대되는 상태다."

주의력은 지속적 주의력과 선택적 주의력으로 구분한다. 지속적 주의력은 장기간에 걸쳐 작용한다. 동기유발과 밀접한 관련이 있다. 선택적 주의력은 일시적으로 작용하는 주의력이다. 윌리엄 제임스가 말한 '동시에 떠오르는 생각 중에서 하나를 명료하고 생생하게 담는 것'은 선택적 주의력이다.

두꺼운 책을 끝까지 읽으려면 동기가 있어야 한다. 학창 시절에 여러 번 읽어도 내용이 머리에 들어오지 않던 고전이 사회생활을 하고 인생의 희로애락을 겪은 후에는 대충 읽어도 어느 정도 이해가 된다. 마치 내 얘기를 하는 것 같아서 지속적 주의력이 생긴다. 철학, 인문사회 분야의 책도 이와 비슷하다. 선택적 주의력은 다르다. 책에서 핵심이 드러난 부분을 찾았다면 일시적으로 활성화되는 선택적 주의력을 이용해서 읽어야 한다. 우리가 흔히 말하는 집중력은 선택적 주의력을 긴 시간 이어가는 능력이다. 오랜 시간 읽기에 집중할 수 있는 사람은 많지 않다. 주변에서 계속 새로운 사건이 발생하기 때문이다. 주의력을 유지할 수 있는 시간은 길어야 30분 정도다. 최소한 15분 정도는 누구나 주의력을 발휘할 수 있다. 글을 읽다가 어느 부분이 핵심인지 파악했다면 15분 동안 주의력을 발동시켜서 읽는다. 핵심이라고 생각되는 부분인데 주의를 집중해서 반복해서 읽어도 이해할 수 없다면 종이에 쓴다. 길게 쓰지 않아도 된다. 읽은 내용을 알아볼 수 있게 요점만 간단히 적는다. 그러면 이해한 내용과 이해하지 못한 내용으로 나눠진다.

반복해서 읽어도 이해하지 못하면 스트레스를 받는다. 계속 읽고 싶은 마음도 사라진다. 이해한 부분과 이해하지 못한 부분을 구분하면 이해하지 못한 부분에만 집중하면 되기 때문에 호기심과 도전정신이 생긴다. 교육연구가 스티븐 크라센은 《읽기 혁명》에서 언어 습득과 발달과정에서 '감정 여과 장치Affective filter'가 작동한다고 했다. 스트레스가 적은 사람은 외국어 습득에 성공할 가능성이 높고, 스트레스가 많은 사람은 외국어를 습득하는 데 오랜 시간이 걸린다. 모르는 게 많아서 자신감이 떨어지면 심리적인 장벽, 즉 감정 여과 장치가 작동해서 새로운 학습이 아예 차단되거나 걸러진다.

읽기에도 감정 여과 장치가 작동한다. 모르는 내용이 계속 나오면 더 읽고 싶지 않다. 이때 아는 것과 모르는 것을 확실히 구분하면 감정 여과 장치의 작동이 멈춘다. 읽기 싫은 마음도 진정된다. 종이에 적어서 모르는 내용이 무엇인지 확인했다면, 모르는 부분에 집중해서 읽는다. 어려운 개념과 용어는 인터넷에서 검색한다. 내용을 이해하면 읽기가 한결 수월해진다. 읽어야 하는 분량이 많을 때도 읽고 싶지 않다. 이럴 때는 읽을 수 있을 만큼 분량을 정한다. 그러면 읽고 싶은 마음이 생긴다. 책 또는 분량이 많은 문서를 한 번에 전부 읽겠다는 생각을 버리면 읽기에 대한 스트레스는 줄어든다. 속독으로 전체 내용을 빨리 읽는 것보다 핵심만, 필요한 내용만 꼼꼼히 읽는 편이 낫다.

스티브 레빈은 《전략적 책 읽기》에서 제대로 읽으려면 책을 신중하게 고르라고 했다. 읽고 싶은 열망이 있어야 적극적으로 읽을 수 있다. 내용이 눈에 들어오지 않는데 끝까지 읽어야 한다는 강박으로 책을 붙잡고 있는 건 올바른 읽기가 아니다. 그는 읽고 싶지 않은 책을 끝까지 읽는 것을 좋아하지 않는 음식을 다 먹을 때까지 수저를 놓으면 안 된다는 생각, TV를 켰다가 별로 보고 싶은 프로그램도 아닌데 끝까지 보는 것에 비유했다.

책을 끝까지 정독하지 않더라도 읽는 사람에게 필요한 내용, 즉 핵심을 읽어야 한다. 중요한 부분을 골라서 읽고, 또 중요하다고 생각하는 부분이 나오면 그 부분을 읽고, 또 다른 부분에서 읽고 싶은 내용이 나오면 또 읽는다. 필요에 의해서 끝까지 읽으면 된다. '읽어두면 나중에 도움이 되겠지'라는 생각으로 읽는 사람도 있다. 하지만 당장 필요한 내용이 아니면 기억에 남지 않는다.

핵심만 읽겠다는 생각으로 훑어보면서 핵심을 찾아서 밑줄, 별표, 동그라미 등으로 표시한다. 그런 다음 표시한 부분만 주의를 기울여 읽는다. 내용을 이해하려면 적어도 두 번 이상 읽어야 한다. 핵심을 메모하면서 읽으면 짧은 시간에 전체 내용을 파악할 수 있다. 브라이언 트레이시는 이런 읽기를 'OPIR 방법'이라고 했다. 대강 보기[Overview], 미리 보기[Preview], 깊이 읽기[In-View], 다시 읽기[Review] 네 단계를 거치면 짧은 시간에 더 많은 핵심을 읽을 수 있다. 대강 보기와 미리 보기 단계에서 '얻을 것'과 '활용하는 법'을 생각한다. 여기서 새로운 정보를 얻을 수 있고 그 정보가 나에게 도움이 된다고 판단되면 깊이 읽기와 다시 읽기 단계를 실행한다. 만약 얻을 게 없다고 생각되면 그 책은 더 읽지 않는다.

소설처럼 처음부터 읽어야 하는 내용이 아니면 모든 읽기에 OPIR 법칙을 적용할 수 있다. 관심이 있는 내용, 핵심만 주의력을 발휘해서 읽으면 그걸로 충분하다.

읽은 책의 숫자는 중요하지 않다

해가 바뀌면 사람들은 버킷 리스트를 쓴다. 올해 이루고 싶은 일로 '100권 읽기'처럼 독서 계획을 세우는 사람이 많다. 100권 읽기 목표를 달성하기는 쉽지 않다. 일주일에 두 권을 읽어야 1년에 100권 읽기 목표를 달성한다.

책 전체가 아니라 핵심만 읽어도 한 권을 읽었다고 한다면 100권 읽기가 쉬울까? 핵심만 읽어도 1년에 100권 읽기는 어렵다. 1년에 100권을 읽든 10권을 읽든 그것은 중요하지 않다. 몇 권을 읽었는가가 아니라 새로운 정보·지식을 얻었는가, 그 지식을 얼마나 활용했는가가 중요하다.

읽기는 생각으로 완성된다. 글을 읽은 만큼 생각하고 자기 것으로 만드는 시간이 필요하다. 책을 많이 읽는 사람은 책장에 읽지 않은 책이 쌓여 있어도 계속 책을 산다. 내 주변에 책을 많이 읽는 사람들은 책장에 책을 이중으로 꽂을 정도로 책이 많다. 매체에서 소개하는 책 소개 기사를 꼼꼼히 읽고 서점에서 스테디셀러, 베스트셀러 코너는 지난번과 변한 게 없어도 한참 둘러본다.

독서법을 설명한 어떤 책에서는 책을 사서 읽으라고 권한다. 책을 사서 읽어야 밑줄을 긋고 메모를 하고, 접어두기도 하면서 자유롭게 책을 이용할 수 있다. 또 다른 책에서는 도서관에서 빌려서 볼 것을 권한다. 빌린 책은 대출 기한이 있어서 마감 효과를 볼 수 있다. 대출 기한까지 반납하기 위해서라도 빌린 책을 최대한 읽는다. 사서 읽는 책과 도서관에서 빌려서 읽는 책은 각각 장단점이 있다. 책을 사서 읽으면 여백에 메모하고 필요하면 찢을 수도 있다. 책을 사서 보는 사람들은 거의 모두 "책을 사놓고 읽지 않았다"는 푸념을 한다. 책을 사서 책장에 꽂아두면 언제든지 읽을 수 있어서 읽기를 계속 미룬다.

1년에 100권 읽기가 목표라면, 도서관에서 빌려서 읽기를 추천한다. 국립도서관과 구립도서관에 회원으로 가입하면 5~7권을 2주일 동안 대출할 수 있다. 대출기한을 1주일 연장할 수 있어서 책을 읽을 시간은 최대 3주다. 3주 안에 빌린 책을 모두 읽으면 1년에 100권을 읽기 목표를 달성할 수 있다. 핵심만 찾아서 읽는다면 10권을 대출해서 3주일 동안 읽을 수 있다.

　책을 좋아하는 사람들은 더 많은 책을 읽는 방법에 관심이 많다. 《나는 한 번 읽은 책은 절대 잊어버리지 않는다》를 쓴 정신과 의사 카바사와 시온은 심리학 지식, 독서 경험 등을 유튜브에 올린다. 이 책에 유튜브에 올린 동영상과 조회 수에 관한 내용이 나온다. 실패 없는 책 고르기, 허탕 치지 않고 재미있는 책 찾는 법을 소개하는 동영상은 이틀 동안 165회 재생되었다. '한 달에 책 30권 독서하는 법'을 소개한 동영상은 이틀 만에 2,000회 넘게 재생되었다. 유튜브 동영상 조회 수만 봐도 사람들은 많이 읽는 데만 관심이 있고 무엇을 읽었는가에 관해서는 관심이 없다는 사실을 알 수 있다.

　머리로는 많이 읽는 것보다 무엇을 읽느냐가 중요하다고 알고 있지만 사람들은 더 많이 읽는 방법에만 관심이 있다. 많이 읽어도 성장하지 못하는 사람과 한 권을 읽어도 정보를 내 것으로 만드는 사람은 읽는 방법과 책을 고르고 핵심을 파악하는 방법 등 모든 면에서 다르다.

　정말 중요한 건 읽은 책의 숫자가 아니라 필요한 정보를 제대로 읽어내는 것이다. 소설, 수필, 시 등 문학 읽기는 무엇을 어떻게 할지 생각하지 않고 즐겁게 읽으면 그만이다. 반면, 어떤 목적을 갖고 읽을 때는 필요한 정보가 어디에 있는지 생각하며 훑어보고, 필요한 정보를 머리에 담기 위해서 집중해서 읽는다. 문학 작품을 읽든, 목적을 갖고 읽든 읽은 책의 숫자는 그리 중요하지 않다. 많이 읽었다고 자랑할 게 아니라면 몇 권을 읽었는지는 자기만 알고 있으면 된다.

다치바나 다카시는 목적이 분명한 읽기를 '지적 생산형', 즐거운 읽기를 '지적 생활형'으로 구분했다. 이 책은 제목처럼 핵심을 읽는 방법을 설명하기 때문에 지적 생산형 독자가 읽을 것이다. 나는 자료조사를 할 때는 하루에 열 권 이상 책을 보기도 한다. 짧은 시간에 많은 책을 본다. 자료조사를 위해서 읽은 책은 '읽은 책'에 넣지 않는다. 필요한 정보를 찾으려고 훑어보았을 뿐 머리에 담기 위해서 집중해서 읽지 않았기 때문이다.

읽기의 목적은 정보 또는 즐거움을 얻는 것이다. 모든 읽기에서 목표는 '질'이다. '양'이 아니다. 많이 읽으면 더 많이 기억할 수 있다고 말하는 사람도 있지만 한 달 동안 30권을 읽어도 책 제목을 기억하고, 내용을 요약하지 못한다면 제대로 읽었다고 할 수 없다. 정보와 지식 또는 즐거움을 얻고 성장의 거름이 되는 읽기를 실천해야 한다.

동영상에서 핵심 읽기

인터넷에서 정보를 찾으려면 으레 네이버, 구글 등의 검색 사이트를 이용한다. 검색 사이트에서 검색어를 입력하면 사전, 블로그, 카페, 뉴스, 인터넷 문서 등 다양한 자료가 검색 결과로 나온다. 검색 결과로 나오는 자료는 대부분 텍스트를 기반으로 하는 문서다. 요즘 10대 인터넷 사용자는 정보를 찾는 경로가 다르다. 검색 사이트 외에 유튜브도 검색 채널로 이용한다. 자료를 찾을 때도 동영상 사이트를 이용하는 것이다.

디지털 미디어랩 나스미디어에서 발표한 '2019 인터넷 이용자 조사'에는 우리나라 인터넷 사용자 가운데 60퍼센트가 유튜브에서 정보를 검색한다고 응답했다. 인터넷 이용자가 동영상을 이용하는 비율은 계속 증가하고 있다. 2017년 87.7퍼센트, 2018년 91.9퍼센트, 2019년에는 95.3퍼센트를 기록했다. 검색하는 기기도 컴퓨터에서 모바일, 즉 스마트폰으로 바뀌었다. 스마트폰으로 동영상을 보는 사용자 비율은 64.8퍼센트다.[3]

스마트폰이 보급되기 전까지 동영상 콘텐츠를 주로 보는 연령은 10~20대였다. 앱 분석업체 와이즈앱에서 우리나라 유튜브 앱 사용 시간을 연령대별로 분석한 결과, 50대가 101억 분, 10대가 89억 분, 20대가 81억 분으로 나타났다. 30대와 40대는 61억 분, 57억 분으로 다른 연령대보다 유튜브 앱을 보는 시간이 적었다. 유튜브 동영상을 가장 오랜 시간 보는 연령대가 10~20대가 아니라 50대라는 결과는 의외다. 청소년, 20대, 중년층, 실버 세대에 이르기까지 전 연령대가 동영상 콘텐츠를 본다. 10~20대는 입시와 취업을 위해서 동영상 강의를 많이 본다. 중년층도 자격증과 교양 정보를 얻기 위해 동영상 콘텐츠를 본다.

동영상에서 핵심을 짚어내는 방법을 알면 군더더기는 덜어내고 필요한 부분만 찾아서 볼 수 있다. 인터넷 강의는 보통 재생 시간이 30~60분이다. 문제 풀이나 현장 강의는 재생 시간이 60분을 넘기기도 한다. 특별한 경우를 제외하고 거의 모든 인터넷 강의는 60분을 넘지 않는다. 재생 시간이 길면 두 개로 나눠서 서비스한다. 학습을 목표로 만든 인터넷 강의는 보통 사람들이 집중력을 유지하는 시간을 고려해서 강의 시간_{동영상 재생 시간}을 결정한다. 동영상 강의는 재생하는 플레이어에서 지원하는 구간 반복과 북마크, 인덱스 기능을 이용하면 필요한 부분만 반복해서 재생할 수 있다.

교실에서 하는 수업과 달리 인터넷 강의는 듣다가 이해하지 못한 내용은 언제든지 반복해서 들을 수 있다. 이때 처음부터 다시 들을 필요는 없다. 필요한 부분만 반복해서 듣는 구간 반복 기능을 이용해서 여러 번 반복해서 보고 들으면 이해가 된다.

읽기와 마찬가지로 강의를 처음 시청할 때는 시작부터 끝까지 본다. 그런 다음 메모해둔 재생 시간으로 이동해서 모르는 부분을 선택해서 다시 본다. 강의를 보다가 이해가 안 된다고 앞으로 돌아가서 다시 보면 집중력이 떨어진다. 중요한 내용인데 놓쳤다면, 주제^{키워드}와 영상이 재생되는 시간을 메모하고 끝까지 본 다음 그 부분만 다시 본다. 매번 반복되는 시작 부분의 오프닝과 인사말은 배속 기능을 이용해서 빠른 속도로 재생하고 본 강의가 나오면 정상 배속으로 조절한다. 인터넷 강의에서 동영상 담기 기능을 제공하면 다시 볼 강의로 저장한 다음, 나중에 다시 보면 된다. 교육 업체에서 제작한 인터넷 강의 플레이어는 학습을 도와주는 기능을 제공한다.

유튜브, 카카오TV 등의 동영상 플레이어는 동영상 담기와 공유 기능만 제공한다. 배속을 조절하고, 동영상을 사용자 계정에 담아놓고 나중에 볼 수 있다. SNS에서 공유할 수도 있다. 하지만 구간 반복이나 인덱스 기능처럼 학습을 도와주는 기능은 없는 경우가 많다. 일반적인 동영상 플레이어는 학습을 목적으로 만들지 않았다. 이런 플레이어로 보는 동영상은 재생 시간이 5~10분 내외로 짧다. 이런 이유로 인터넷 강의 플레이어처럼 학습에 필요한 세부 기능을 제공하지 않는다. 재생 시간이 5분 정도로 짧아도 대충 봐서는 안 되는 영상도 있다. EBS의 '지식채널e' '배움너머'와 국회방송의 '길 위의 우리 역사' 콘텐츠는 재생 시간이 각각 5분, 30분 내외로 비교적 길지 않지만, 굉장히 많은 정보를 전달한다. 책에서 핵심을 찾아내기 위해서 처음부터 끝까지 훑어보는 시간이 5~30분이라고 했다. 동영상은 5~30분 정도 짧은 분량이라도 상당한 양의 정보가 있다. 별다른 노력이 없어도 눈 앞에 정보가 펼쳐지니까 정보의 양을 인식하지 못할 뿐이다. 책과 문서에서 핵심을 찾는 방법을 익히면 인터넷 강의에서도 짧은 시간에 핵심을 읽어낼 수 있다. 나는 원고를 쓰고 강의 교안을 만들 때, 원고·강의 주제와 연관 있는 동영상 콘텐츠를 검색해서 본다. 방송사에서 제작한 잘 만든 영상과 전문 지식이 있는 일반인이 책상 앞에 카메라를 설치하고 촬영한 영상을 함께 본다. 방송사에서 제작한 동영상은 기획 방향에 따라 영상을 편집하고 전문가 인터뷰와 요약한 내용까지 보여준다.

반면, 일반인이 촬영한 영상은 방송사에서 편집한 영상보다 완성도는 떨어진다. 하지만 그들이 알려주는 생생한 경험담과 노하우는 완성도 높은 동영상에는 없는 경우가 많다. 책상 앞에 앉아서 촬영한 동영상을 보면 마주 보고 대화하는 듯한 기분도 든다. 궁금한 게 있으면 댓글을 적는다. 그러면 얼마 뒤에 답변이 올라온다. 때로는 질문에 대한 답을 영상으로 만들어서 올려준다. 유튜브에서 관심 있는 주제의 채널을 구독하면 새로운 영상이 업데이트될 때 메시지가 온다. 출처가 불분명한 자료를 인용할 때도 있지만 일반인이 만든 동영상에는 유용한 정보가 많다. 진솔한 경험담이 필요할 때는 일반인이 올린 영상이 도움이 된다.

구글에서 공개한 데이터를 보면 유튜브에서 'OOO을 하는 방법'을 설명하는 'How to' 콘텐츠 검색량과 조회 수는 매년 증가하는 것으로 나타난다. How to 콘텐츠 검색은 2015년에 전년 대비 70퍼센트 정도 증가했다.

영상에서 핵심을 찾는 방법은 글을 읽을 때와 비슷하다. 일단 처음부터 끝까지 본다. 빨리 봐야 한다면 1.5배속, 2배속으로 빠르게 재생한다. 동영상에서 핵심은 자막으로 보여준다. 핵심을 설명할 때는 억양도 바뀐다. 억양과 행동, 자막으로 중요한 내용을 강조한다. 반복해서 설명하는 내용도 핵심이다. 반복해서 나오는 전문용어, 줄임말, 키워드는 메모했다가 나중에 정확한 뜻과 예문을 찾아본다. 인용하거나 다양한 사례를 들면서, 설명하는 내용에도 핵심이 있다. 완성도 높게 편집한 동영상에는 끝나기 1~3분 전에 내용을 정리해주거나 자막으로 출처를 보여준다.

자막으로 보여주고 반복해서 설명하는 내용, 시간을 많이 할애해서 사례와 함께 설명하는 내용이 핵심이다. 동영상으로 습득한 정보는 나중에 사전, 책, 콘텐츠처럼 활자로 된 내용을 찾아서 읽으면 확실하게 내 것이 된다.

콘텐츠 읽기

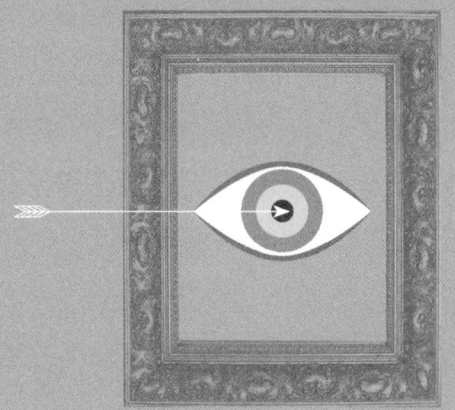

웹 콘텐츠 담아두고 읽기

책에 책갈피를 꽂아두고 밑줄을 긋고 포스트잇, 여백에 메모하는 것을 화면으로 웹 콘텐츠를 읽는 동안에도 할 수 있다. 웹 콘텐츠에서 더 유용한 것은 중요한 부분에 표시하고 필요한 부분만 저장할 수 있다는 점이다. 책을 읽고 시간이 지난 후에 '그 내용을 어느 책에서 봤더라' '정확히 누가 했던 말이었지?'하고 다시 찾아본다. 책을 펼쳤는데 원하는 내용을 찾지 못할 때가 있다.

웹 콘텐츠는 '찾기' 기능을 제공해서 키워드만 알면 필요한 자료를 즉시 찾을 수 있다. 인터넷에서 검색해서 글을 읽다가 저장해두고 나중에 다시 보고 싶은 내용이 있을 때 유용한 서비스가 포켓Pocket이다.

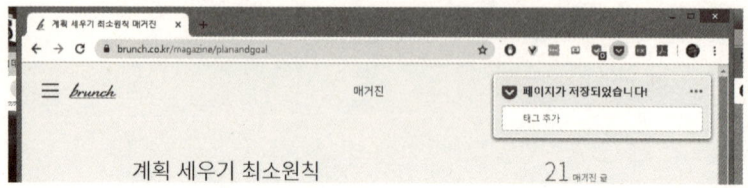

포켓 저장화면

포켓은 '나중에 읽기' 서비스로 널리 알려졌다. 웹브라우저 파이어폭스에 통합되어 웹 콘텐츠를 나중에 보기 위해 저장하는 기능을 제공한다. 포켓 계정으로 로그인하면 내가 저장한 글 목록이 보인다.

포털 사이트도 콘텐츠를 저장하는 기능을 제공한다. 해당 포털 사이트의 콘텐츠만 저장한다는 것이 단점이다. 스마트 기기 사용자는 나중에 다시 보기 위해서 웹 콘텐츠를 저장하는 자기만의 방법이 있다. 구글 계정을 가진 크롬 사용자는 구글 드라이브에 PDF 형식으로 저장할 수 있다. 구글 드라이브 앱을 스마트 기기에 설치하면, 스마트폰, 스마트 패드, 컴퓨터 등 다른 기기에서 저장해둔 콘텐츠를 볼 수 있다. 포켓을 이용해도 어느 기기에서든 저장한 웹 콘텐츠를 볼 수 있다.

출력한 인쇄물에서 중요한 내용을 형광펜으로 표시하는 것처럼 웹 콘텐츠에 형광펜을 긋는 앱도 있다.

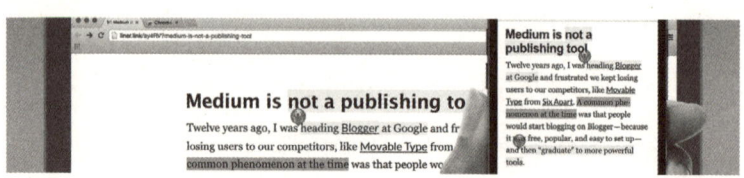

라이너 앱

라이너^Liner를 이용해서 웹 콘텐츠를 읽다가 하이라이트 기능을 이용해서 강조하고 싶은 부분에 표시한 다음 메모를 남기고 저장할 수 있다. 웹 콘텐츠에 표시하고 메모하고 모아두기까지 할 수 있어서 콘텐츠를 다시 읽을 때 원하는 부분을 빨리 찾을 수 있다.

종이책은 차례와 페이지 번호, 색인으로 원하는 내용을 찾는다. 종이책의 인터페이스는 오랜 시간이 지나도 변하지 않았다. 웹 콘텐츠는 다르다. 텍스트의 속성은 그대로지만 읽기에 도움을 주는 기능이 계속 개발되고 있다. 새로운 기능을 개발하는 동안 전자책과 PDF, 온라인 문서 등 다양한 형태의 콘텐츠가 빠르게 늘어났다. 음악을 듣는 방식이 CD에서 MP3로 바뀌고 스마트폰이 MP3, 디지털카메라, 컴퓨터 기능을 대체한 것처럼 읽는 방식과 물리적인 기기도 바뀌고 있다. 종이책이 가진 물성 때문에 '읽기'에는 종이책이 우월하다고 주장하는 사람이 여전히 많다. 필름 카메라로 사진을 찍던 작가들의 손에 이제는 디지털카메라가 있는 것처럼, 종이책을 읽는 물성과 감성을 대체하는 기술이 개발되면 웹 콘텐츠 읽기는 정보를 얻는 유일한 수단이 될 것이다.

앨빈 토플러는《제3의 물결》에서 컴퓨터를 사용하면 사무실에 서류가 없어질 것이라고 예언했다. 빌 게이츠도 1999년에 펴낸《생각의 속도》에서 '종이 없는 사무실'이 실현될 거라고 예상했다. 하지만 컴퓨터, 프린터, 복사기가 사무실과 가정에 보급되면서 문서를 출력하는 양은 과거에 비해서 더 늘었다. 정보가 늘어나는 만큼 종이 소비량이 증가한다. 정보가 기하급수적으로 늘어나면서 종이 소비량도 그에 비례해서 늘어난다. 전자문서와 전자책, 웹 콘텐츠가 책과 인쇄한 서류를 완전히 대체하지는 못하겠지만 더 종이를 쌓아둘 수 없는 사람과 화면으로 글을 읽는 데 익숙한 사람은 종이를 점점 멀리할 것이다. 종이 사용량의 증감과 관계없이 정보가 늘어나는 만큼 읽기는 다시 중요해질 것이다. 인터넷에서 음성과 영상으로 이루어진 콘텐츠가 늘어나도 웹 콘텐츠는 텍스트를 기반으로 한다.

독서량은 줄어도, 읽는 수단과 방식은 바뀌어도 '읽기'의 속성은 변하지 않았다. 사람들은 여전히 읽는다. 과거에는 책을 한 페이지씩 넘기며 읽었다. 지금은 인터넷에서 콘텐츠를 검색해서 필요한 부분만 골라서 빨리 읽는다. 그리고 핵심만 저장한다.

스마트폰으로 읽을 때는 한 화면에 표시되는 글자 수가 제한되기 때문에 긴 글보다 짧은 글을 선호한다. 사람들은 여전히 신문 기사를 읽지만 종이 신문을 읽지는 않는다. 책을 읽지 않아도 신문 기사, 동영상, 각종 문서에서 필요한 내용을 선택해서 읽는다. 읽지 않는 게 아니라 읽는 방식과 매체, 대상이 바뀌었다. 정보를 얻기 위한 읽기, 즐거움을 위한 읽기 모두 웹 콘텐츠가 대신하는 세상이다. 종이에 인쇄된 문서와 책이 더 가독성이 좋아도 볼거리가 더 많은 화면으로 읽는 데 이미 익숙해졌다.

종이책처럼 읽을 수 있게 해주는 기술 개발과 웹 소설, 전자책의 보급으로 정보를 얻기 위한 읽기, 즐거움을 얻기 위한 읽기 모두 읽기의 속성만 남고 매체는 웹 콘텐츠로 이동하고 있다.

연관된 콘텐츠 모아서 읽고 보고 듣기

가짜 뉴스, 가짜 정보가 사회 문제로 보도된다. 우리가 '가짜 뉴스'라고 말하는 정보 중에는 거짓이 있다. 하지만 가짜 뉴스가 모두 거짓은 아니다. '장님 코끼리 만지기' 우화처럼 코끼리 다리를 만진 장님은 코끼리가 기둥처럼 생겼다고 하고, 꼬리를 만진 장님은 코끼리가 로프처럼 생겼다고 한다. 코끼리 배를 만진 장님은 벽처럼 생겼다고 한다. 이처럼 한쪽으로 치우친 정보와 편향된 시각으로는 사실을 정확히 바라볼 수 없다.

일본의 저널리스트 다치바나 다카시는 《나는 이런 책을 읽어왔다》에서 자기만의 독서법을 소개했다. 그는 주제를 정한 다음 서너 곳의 서점을 돌면서 읽고 싶은 책을 고른다. 서점에서 원하는 주제의 책이 진열된 코너에서 책 제목을 읽으며 전체적인 흐름을 살펴본다.

교과서적인 개론서, 다양한 관점에서 바라본 입문서, 참고문헌이 잘 정리된 책, 그 분야의 고전을 고른다. 그가 고르는 고전은 해당 주제를 다루는 여러 책에서 가장 많이 참고한 책이다. 그리고 주제를 쉽게 풀어 쓴 해설서와 관련 소설도 산다. 예닐곱 권의 책을 산 뒤에 입문서부터 개론서, 고전 순서로 읽는다. 내용을 이해하지 못해도 끝까지 읽는다. 책을 읽다가 막히면 해설서, 소설을 읽는다. 이런 식으로 한 달 동안 읽으면 그 주제에 대한 자기 생각이 생긴다. 특정 분야의 책을 수십 권 집중적으로 읽으면 '준전문가' 수준에 이른다. 고급 정보를 소개하는 책을 읽으면 거짓 정보를 가려내는 시각도 생긴다. 이렇게 한 분야의 주제를 정해서 계통^{계보}에 따라 책을 읽는 것을 계독이라고 한다.

이런 독서법을 인터넷 콘텐츠에도 적용할 수 있다. 뉴스를 보다가 더 알고 싶은 주제가 있다면, 개념을 설명한 자료를 검색해서 읽고 연관된 키워드도 확인한다. 어느 정도 개념을 이해했다면 정보성 콘텐츠, 책과 논문, 보고서, 동영상을 보고 팟캐스트도 듣는다.

책과 신문, 잡지에서 정보를 구하던 시절에는 하나의 주제를 깊게 파고들려면 해당 주제에 관해서 전문가가 쓴 책을 열 권 정도 읽었다. 그러면 상당한 수준의 지식을 쌓을 수 있었다. 개념을 쉽게 설명한 책, 방법을 설명한 책, 트렌드와 발전 방향을 설명한 책 등을 열 권 정도 읽으면서 핵심을 파악하고 전문가의 견해를 살펴본다. 이 방법은 지금도 통한다. 책과 잡지 외에 정보를 제공하는 채널이 다양하다. 채널마다 제공하는 콘텐츠는 각각 특징과 장점이 있다. 이것을 이용하면 짧은 시간에 효과적으로 정보를 얻을 수 있다. 개념을 이해하려면, 글을 읽기보다 키워드 검색 결과에 나오는 동영상을 보는 게 효과적이다. 크리에이터는 유용한 정보를 모아서 큐레이션 한 다음 동영상으로 편집해서 인터넷에 올린다. 동영상에 등장하는 전문가 이름과 인용한 책, 자료 출처를 메모해 두었다가 더 자세히 알고 싶다면 책과 자료를 본다. 인터넷에서 전문 자료와 논문 PDF를 찾을 수 있다.

라디오처럼 듣는 팟캐스트도 정보를 제공하는 채널이다. 전문가가 모여서 한 가지 주제에 대해서 나눈 대화를 녹음해서 서비스하는 팟캐스트 콘텐츠는 전문가의 시각으로 주제를 설명한다는 장점이 있다. 책을 읽으면 글쓴이의 주장에 끌려가는 기분이 들 때가 있다. 팟캐스트는 전문가의 설명을 듣고 자기 입장에서도 생각할 수 있다.

내가 쓴 책을 주제로 제작한 팟캐스트 콘텐츠를 들은 적이 있다. 진행자와 세 명의 패널이 주제와 관련된 자기 생각을 이야기하면서 진행되었다. 책에서 인상 깊은 내용과 소제목을 말하면서 자기 경험과 연결해서 이야기했다. 패널은 책을 읽으면서 자기가 뽑은 세 개의 키워드를 제시하고 저자는 이런 의도로 썼는데 "공감이 된다" "실천하고 싶어도 몸이 따라주지 않는다" "책에서 소개한 현실적인 방법을 실천해야겠다"는 소감을 밝혔다. 30분씩 두 편으로 제작한 팟캐스트 콘텐츠는

320페이지 책에 써놓은 핵심을 거의 다 설명해주었다. 세 명의 패널이 자기 경험까지 보태서 이야기했기 때문에 귀에 더 잘 들어왔다. 책을 쓴 내가 듣기에는 그랬다.

   책과 잡지, 뉴스 기사, 인터넷에서 다운받을 수 있는 보고서, 논문, 각종 문서, 관련 동영상과 팟캐스트를 이용하면, 특정 주제에 대해서 개념을 파악하는 데 그리 오랜 시간이 걸리지 않는다. 과거에 그랬던 것처럼 책을 열 권 쌓아 놓으면 '이 책을 언제 다 볼까?'라는 의구심이 먼저 든다. 지금은 다르다. 여러 채널에서 제공하는 정보를 접하면 편견을 버리고 균형 있는 시각으로 나에게 필요한 핵심만 골라낼 수 있다.

화면으로 읽으면서
집중력을 유지하는 방법

글을 읽는 방법은 수천 년 전과 비교해서 거의 바뀌지 않았다. 과거에는 책이 귀했고 읽을거리가 적었다. 지금은 다르다. 쉬지 않고 읽어도 새로운 정보를 다 읽을 수 없다. 끊임없이 새로운 정보, 지식이 생성되기 때문에 계속 읽어야 하고, 읽지 않으면 살아갈 수 없는 시대가 됐다.

우리 눈은 글자를 보고 글자의 발음, 의미를 떠올린다. 음독이나 묵독 형태로 글을 읽으면 뇌에서 단어의 의미를 파악한다. 뇌에 저장된 배경지식과 문장에서 읽은 단어의 개념을 연결한다. 이런 방식으로 1분에 400~800자 정도를 읽는다. 1초에 글자를 열 개 정도 보는 셈이다. 머리가 글자를 보고 이해하는 시간은 매우 짧다. 글자를 읽는 속도보다 이해하는 속도가 훨씬 더 빠르다. 머리는 이미 이해했는데 다음 내용을 눈으로 읽지 못하니까 읽기가 재미없다. 말하는 속도는 글을 읽는 속도보다 더 느리다. 관심이 별로 없는 강의가 더 지루한 것도 마찬가지 이유 때문이다. 읽고 바로 이해가 되면 책은 재미있다. 눈으로는 빠른 속도로 글자를 읽고 머리에서 배경지식과 연결해서 이해하는 과정이 지속해서 이루어질 때 비로소 효과적인 읽기가 된다. 머리에 쏙쏙 들어오게 강의하는 강사는 정보를 받아들이는 속도와 이해하는 속도가 다르다는 사실을 이미 알고 있다. 그래서 누구나 알고 있는 당연한 내용에 흥미를 유발하는 이야깃거리를 섞고 은연중에 요점을 반복해서 노출한다. 같은 내용을 반복할 때도 매번 다른 사례와 함께 보여주기 때문에 지루하지 않다. 알고 있는 지식과 사람들이 몰랐던 사실, 흥미를 유발하는 정보를 이어서 배치한다. 그러면 강의를 듣는 사람은 계속 집중력을 이어간다.

집중해서 읽기 그리고 이해하고 기억하기는 자연스러운 메커니즘이다. 집중해야 읽는 속도가 빨라진다. 지루함을 느끼기 전에 새로운 내용이 나와야 흥미가 지속된다. 새로운 정보가 일정한 주기로 나와야 이미 알고 있는 지식과 결합한다. 글을 읽고 이해하고, 배경지식과 결합하는 과정을 거쳐서 정보는 지식이 된다. 이렇게 하면 관심을 다른 곳에 빼앗기지 않고 집중력을 이어갈 수 있다. 집중력을 유지하면서 글을 읽으려면 두 가지 기본 원칙을 지켜야 한다.

첫째, 한 번에 기억하는 묶음, 즉 의미 단위로 읽는 것이다. 글자, 단어보다 의미에 집중해서 읽으면 맥락을 이해하기 수월하다. 이해하면서 읽으면 지루하지 않다. 그뿐만 아니라 읽은 내용을 오래 기억에 남길 수 있다. 예를 들면 이런 식이다. '나무'라는 글자가 나오면 '키가 작은 사과나무' '목련 꽃잎이 다 떨어진 나무'처럼 나무의 속성까지 한꺼번에 읽는다. 인간이 한 번에 기억할 수 있는 의미의 개수는 7±2다. 다섯 개에서 아홉 개의 의미 단위를 단기기억에 한 번에 저장할 수 있다. 이것을 '청크^{Chunk}'라고 한다. 1950년대 조지 밀러는 '마법의 숫자 7±2'를 제시했다. 사람은 다섯 개에서 아홉 개의 청크, 평균 일곱 개의 청크를 기억할 수 있다. 전화번호를 외울 때도 010-1234-5678처럼 하이픈을 이용해서 의미 덩이를 구분하는 것도 단기기억에 남기기 위해서다.

책을 읽을 때도 의미 단위, 즉 청크를 적용하면 내용을 이해하기 쉽다. '단 한 줄도 빠트리지 않고 천천히 모든 글자를 읽겠어'라는 생각은 효율적인 읽기와 거리가 멀다. 핵심을 빨리 찾아내는 읽기, 즉 읽기 효율을 높이려고 전체를 읽을 필요는 없다. 띄엄띄엄 읽더라도 중요한 내용 또는 나에게 필요한 내용만 선별해서 읽으면 내용을 파악하는 데는 지장이 없다.

둘째, 알고 있는 지식에 연결하며 읽는다. 사전 지식 없이 전문 분야의 서적을 읽어보자. 글을 읽고 있어도 의미가 머리에 들어오지 않는다. 의사가 읽는 의학 서적, 경제 전문가가 읽는 경제 서적이 특히 그렇다. 의학 또는 경제 분야에 지식이 있다면 내용을 이해하며 읽는다. 하지만 지식이 없는 사람은 전문용어, 명칭이 생소해서 개념을 설명하는 부분도 제대로 이해하지 못한다. 세계 기억력 대회에 참가하는 영재를 교육하는 크리스티앙 그뤼닝은 그가 쓴 《책 먹는 독서》에서 이미 알고 있는 지식을 그물에 비유했다. 새로운 지식은 항상 기존 지식에 연결해야 한다. 그러지 않으면 새로운 정보는 그냥 빠져나간다. 글을 읽기 전에 '지식 그물망'에서 해당 분야 정보들이 자리하고 있는 부분을 활성화한다. 그러면 새로운 내용은 지금까지 쌓은 지식에 더 쉽게 연결된다.

배경지식을 설명할 때 거미줄에 비유한다. 거미줄에서 가운데는 촘촘하고 가장자리는 성기다. 촘촘한 부분은 그 분야의 지식이 많다는 의미이고 성긴 부분은 지식이 많지 않다는 뜻이다. 새로 만드는 거미줄은 이미 자리를 잡은 거미줄이 있어야 연결된다. 몇 가닥의 줄만 있으면 지식은 빈 곳으로 빠져나간다. 촘촘하게 짜인 거미줄에 새로운 줄을 연결하기가 더 쉽다. 다시 말해서, 많이 알고 있는 분야는 지식을 쌓기가 더 쉽다. 그렇다면 거미줄이 몇 가닥 없는 부분, 지식이 없는 분야에서 다양한 지식을 쌓으려면 어떻게 해야 할까? 관심을 가지면 된다. 아는 만큼 보인다는 말과 비슷하다. 관심이 있으면 더 잘 보인다.

일본의 광고기획자 가토 마사하루는 《생각의 도구》에서 '컬러 배스 Color bath'를 설명했다. 방법은 단순하다. 아침에 출근하는 길에 '오늘 하루 동안 빨간색을 몇 번이나 보게 될까?'라고 생각하고 집을 나서면 놀라울 정도로 빨간색이 많이 보인다. 간판의 빨간 글씨, 우체통, 소화전, 주차금지 표시, 길을 건너는 사람의 빨간색 가방 등 빨간색이 이렇게 많았나 싶을 정도로 빨간색이 눈에 띈다. 의식하고 찾아보면 눈에 잘 보인다. 컴퓨터 또는 스마트폰으로 글을 읽을 때는 즉시 검색할 수 있다. 종이에 인쇄된 글을 읽는 것보다 화면으로 글을 읽으면 집중력은 떨어지지만 주제와 연관된 다양한 지식을 찾아볼 수 있다. '빨간색의 색채심리' '빨간색 피사체' 등의 키워드를 검색해서 빨간색과 관련된 콘텐츠를 분야에 상관없이 읽는다. 빨간색을 심리학 관점에서 쓴 글, 명화의 빨간색에 관한 글을 차례로 읽으면 중복되는 내용이 나온다. 여러 가지 글에서 비슷한 내용이 반복돼도 읽기를 중단하지 말고 계속 읽는다. 그러면 '빨간색'이라는 주제에서 핵심을 파악할 수 있다.

지식이 부족한 분야에 관심을 가지려고 노력하면 이전보다 그 분야의 정보가 더 잘 눈에 띈다. 분야를 가리지 않고 다양한 영역에 관심을 가지면 폭넓게 탐구할 수 있다. 관심이 있는 만큼 지식은 확장된다. 관심을 가진 분야의 거미줄은 이런 과정을 통해서 촘촘해진다.

필요한 부분만 몰입해서 읽는다

인터넷과 모바일 환경은 콘텐츠뿐만 아니라 책, 신문 등 글을 읽는 방식을 바꿔놓았다. 독서 인구는 줄었지만, 사람들은 여전히 글을 읽는다. 과거에는 책을 읽었지만 지금은 다른 방식으로 읽는다.

책을 한 장씩 넘기며 읽던 것을 이제는 쭉 훑어본 뒤에 필요한 부분만 골라서 읽는다. 미디어를 연구하는 셔먼 영은 《책은 죽었다》에서 정보화 시대에 책과 디지털 콘텐츠를 퀸엘리자베스2세호와 보잉 777에 비유했다. 대서양을 5일 동안 횡단하는 퀸엘리자베스2세호를 타면 축제의 기분을 만끽할 수 있고 도착지에서 시차로 인한 피로도 없다. 반면,

5시간 만에 목적지에 도착하는 보잉 777은 비용과 시간 면에서 합리적이다. 읽기에서 즐거움을 만끽하려면 퀸엘리자베스2세호를 타는 편이 낫다. 정보를 선택해서 읽으려면 보잉 777기를 타야 한다.

긴 글을 모두 읽기보다 짧은 글을 선호하는 사람들에게 맞춰서 신문 기사도 짧아졌다. 비교적 긴 글을 실었던 기획 기사도 이제는 보기 어렵다. 새로운 미디어 환경에서 자란 세대는 기존의 읽기를 거부한다.

시스템 엔지니어로 일할 때, 회사에서 '학습조직'이라는 제도를 시행했다. 지금은 다양한 독서경영 프로그램이 개발되었고 기업에서는 회사에 적합한 프로그램을 선택해서 적용한다. 체계적인 독서경영 프로그램을 제공하는 독서경영 컨설팅 기업도 있다.

2000년 무렵, 회사에서 몇 권의 책을 정하고 직원들이 필요한 책을 신청해서 읽고 독후감을 제출하거나 업무에 적용할 수 있는 아이디어를 제안하는 방식으로 독서경영을 실천하는 곳이 많았다. 내가 일하던 회사에서는 업무와 관련된 책을 학습조직 구성원이 일정한 분량씩 읽고 자기가 읽은 내용을 다른 사람에게 전해주는 방식으로 학습조직을 진행했다. 팀원이 8명이면 300페이지 분량의 책을 30~40페이지 정도 분량으로 나눠서 각자 읽은 다음, 자기가 읽은 내용을 나머지 구성원에게 설명해주는 방식이었다. 독서경영 프로그램은 업무 일정에 따라 유동적으로 진행했다. 한 달에 2권의 책을 읽었다. 읽을 페이지를 나눌 때는 관심 있는 파트를 선택해서 읽도록 했는데 6개월 정도 지나자 구성원들은 모두 책의 앞부분을 선택하려고 했다. 앞부분에서 개론을 보여주기 때문에 뒷부분과 비교해서 읽기가 쉬웠기 때문이다. 책의 중반 이후는 앞의 내용을 읽지 않으면 이해하기 어려운 경우도 있어서 책의 후반부를 맡은 팀원은 부담이 컸다.[1]

학습조직에 참여해서 책을 읽던 때에는 '필요한 부분만 골라 읽는다'는 생각을 하지 못했다. 책의 뒷부분을 맡으면 왠지 앞에서부터 읽지 않아서 이해를 못 하는 건 아닐까 걱정했다. 앞부분이 내가 알고 있는 내용이어도 왠지 건너뛴 부분에 중요한 내용이 있을 것 같다는 생각이 들었다. 책 읽기도 마찬가지다. 이 세상에 있는 모든 책을 읽을 수는 없다. 내 주변에 책을 많이 읽는 사람은 일주일에 한두 권 정도 읽는다. 10살부터 80세까지 70년 동안 일주일에 한 권씩 읽으면 산술적으로 3,640권을 읽는다. 우리나라에서 한 해에 출간되는 책은 4만 종이 넘는다. 수험서, 교재가 포함된 수치다.

일본의 서평가 인나미 이쓰시는 《1만권 독서법》에서 한 달에 60권 이상 읽는다고 했다. 한 달에 60권 정도의 서평을 네 곳의 정보 사이트에 기고한다. 하루에 두 권 이상 읽는 셈이다. 속독법을 배우지 않은 그는 읽는 방법을 바꿨다. 그가 선택한 방법은 '정독의 저주'에서 벗어나는 것이다. 책을 읽어서 정보를 얻고 그 정보를 기억에 남기는 게 중요하다. 책을 읽고 하나라도 기억에 남는다면 성공한 독서다. 첫 페이지부터 꼼꼼히 읽는다고 해도 모든 내용을 기억할 수 없다. 인나미 이쓰시는 이렇게 묻는다.

"일주일에 한 권을 정독했지만 남는 게 하나뿐인 사람과 열 권을 대

충 읽고 열 개를 남기는 사람 중에 어느 쪽이 나을까요?"²

독서의 효과, 효율 어느 쪽으로 보나 열 권을 대충 읽고 열 개를 남기는 쪽이 낫다. 읽는 방법은 두 가지로 구분된다. 플로우 리딩과 스톡 리딩. 플로우 리딩은 물 흐르듯 읽는 방법이다. 내용을 읽으며 머릿속에 '흘려'보낸다. 스톡 리딩은 책을 머릿속에 담아두는 읽기다. 정보를 얻으려고 읽는데 흘려보내면 아무 소용없지 않냐고 반문하는 사람도 있다. 읽은 내용을 오롯이 기억에 남기려는 생각도 저장 강박이다. 제대로 읽어야 기억에 남는다고 생각하면서 책을 펼치지도 않는 것보다 훑어보듯 읽어서 내용을 머릿속으로 흘려보내는 편이 더 낫다.

한 번 읽고 모든 것을 기억하려는 저장 강박을 없애는 비법이 있다. 다음과 같이 책을 세 종류로 구분한다.

① 읽지 않아도 되는 책
② 빨리 읽을 필요가 없는 책
③ 빨리 읽을 수 있는 책

읽지 않아도 되는 책은 읽을 목록에서 제외한다. 빨리 읽을 수 있는 책_{소설, 에세이, 만화, 그림책 등 줄거리가 의미를 갖는 책}, 빨리 읽을 필요가 없는 책_{아무 때나 읽어도 상관없는 책}으로 구분하고 저장 강박을 버리면 읽기를 시작하기가 수월하다.

검색하다가 필요하다고 생각해서 프린트 버튼을 눌러서 출력한다. 이렇게 책상에 쌓아 둔 문서도 비슷한 방법으로 구분해서 정리한다.

① 읽고 실천해야 하는 내용
② 읽고 지식으로 남겨야 하는 내용

③ 읽어두면 좋은 내용

문서뿐만 아니라 언젠가는 읽으려고 저장해둔 문서 파일도 마찬가지다. 읽고 실천해야 하는 내용^{업무 매뉴얼}은 꼼꼼히 읽는다. 읽고 지식으로 남겨야 하는 내용^{연구자료, 보고서 등}은 중요한 부분만 골라 읽는다. 읽어두면 좋은 내용^{업무와 약간 관련이 있는 자료}은 쌓아두지 말고 출퇴근길에 틈틈이 읽는다.[3]

처음 접하는 분야, 새로운 개념을 다루는 책은 첫 페이지부터 정독한다. 이미 알고 있는 주제라면 차례를 보고 필요한 부분만 골라서 읽는다. 차례를 보면 아는 부분과 모르는 부분을 가려낼 수 있다. 경영, IT, 사회과학 분야의 책은 아는 내용과 모르는 내용이 섞여 있다. 동일한 사례 또는 연구 결과를 다르게 해석한 책도 있다. 이전에 읽은 책에서 정보를 얻었다면 비슷한 주제의 책을 읽을 때는 중요한 단락, 필요한 부분만 찾아서 읽는다. 우선 중요한 부분과 모르는 부분을 찾아서 읽고 처음부터 읽을 가치가 있다면 앞에서부터 차례대로 읽는다. 다시 읽을 필요가 없다면 중요한 단락 앞뒤 내용을 한두 번 더 살펴본 뒤에 기억해야 하는 내용을 메모하고 읽기를 끝낸다. 며칠 후에 메모를 보면서 읽은 내용을 떠올린다. 그러면 중요한 내용이 장기기억에 저장된다.

스키밍으로 핵심만 읽는다

'이해력을 높이는 읽기'에서 스키밍Skimming이라는 읽기 방법을 설명했다. 스키밍은 전통적인 독서법에서 빠르게 핵심을 파악하는 읽기 방법으로 자주 소개된다. 스킴은 우유 표면의 막을 걷어낸다는 의미로 원유 중에 맛있는 크림만 분리해서 채집하는 것을 '크림 스키밍Cream skimming'이라고 한다.

스킴과 비슷한 발음을 가진 단어로 스킵Skip이 있다. 스킵은 '건너뛰며 읽는다'라는 뜻으로 독서법에서 '대충 읽기'로 통한다. 대충 읽어서 핵심을 제대로 머리에 담을 수 있을지 의구심이 든다. '대충'이라는 단어가 왠지 정확하지 않다는 뉘앙스를 갖고 있기 때문에 그럴 수도 있다.

책을 많이 읽어야 정상적으로 수업에 참여할 수 있는 미국 대학에서는 정규 과목에서 스키밍skimming 다시 말해서, 원유에서 맛있는 크림만 채집하는 것처럼 핵심만 읽는 방법을 가르친다.

경제학에는 '크림 스키밍'이라는 전략이 있다. 이익이 많을 것으로 판단되는 시장에만 상품과 서비스를 제공하는 전략이다. 이익을 추구하는 기업에서 비용과 노력을 줄이고 매출을 올릴 수 있는 시장에서 경쟁하는 것은 당연하다. 통신 서비스 회사가 수요가 많은 대규모 아파트 단지에서 치열하게 경쟁하고 외곽에서는 서비스를 제공하지 않는 것, 항공사·배송사에서 수요가 많은 지역만 운행하는 것, 의료기관에서 의료사고 가능성이 작고 비용이 적게 드는 환자만 진료하는 것도 크림 스키밍이다. 기업의 크림 스키밍 전략은 사회적으로 지탄을 받는다.

핵심만 골라 읽는 스키밍은 대충 읽어서 깊은 의미를 파악하지 못하는 게 문제라고 지적하는 사람도 있다. 스터전의 법칙과 80대 20법칙에 따라서 필요한 내용은 10~20퍼센트 뿐이다. 목적에 맞는 20퍼센트의 내용을 찾은 다음 그 부분만 집중해서 읽으면 80퍼센트의 정보를 얻을 수 있다. 하지만 필요한 내용을 제대로 골라내지 못하면 여기저기 듬성듬성 읽다가 시간만 보낸다. 핵심만 골라서 읽는 스키밍의 효과를 보려면 프리뷰, 포토리딩, 스키밍, 세 단계를 거쳐야 한다.[4]

첫 번째 프리뷰 단계에서 5~10분 동안 전체를 훑어본다. 수십 페이지의 문서, 300페이지 정도의 책도 10분이면 대강의 내용을 알 수 있다. 프리뷰를 대충 읽기라고 알고 정말 대충 읽는 사람은 프리뷰를 스키밍이라고 생각한다. 하지만 프리뷰는 스키밍이 아니다. 프리뷰 단계에서는 '읽는 목적'을 기억하면서 구성만 살펴본다. 원하는 정보가 어디에 있는지 확인하기 위한 읽기다. 영화의 예고편을 프리뷰Preview라고 한다. 예고편을 보고 볼만하겠다, 재미있겠다고 생각하면 영화를 보러 간다. 책도 마찬가지다. 프리뷰 결과 원하는 정보가 나오지 않으면 더 읽지 않는다. 프리뷰에서는 필요한 내용이 어디에 있는지 파악하는 것으로 만족하고 필요한 정보가 있다면 두 번째 단계로 넘어간다.

두 번째 포토리딩 단계는 사진 찍듯이 페이지를 보는 것이다. 프리뷰와 마찬가지로 읽지 않고 본다. 이번에도 10분 만에 전체 페이지를 사진을 찍듯이 본다. 프리뷰 단계에서 필요한 내용이 어디에 있는지 확인했기 때문에 그 부분을 자세히 읽고 싶은 마음이 든다. 그래도 사진 찍듯이 페이지를 눈에 담으면서 넘어간다. 포토리딩 단계의 목표는 두 가지다. 첫째, 프리뷰에서 필요하다고 생각한 부분을 중심으로 어디서부터 어디까지 읽을지 범위를 정하는 것, 둘째, 필요한 정보인데 프리뷰에서 발견하지 못한 내용을 찾아내는 것이다. 프리뷰와 포토리딩 단계를 거치면서 원하는 정보가 있는 곳을 찾았다면 첫 번째, 두 번째 단계의 목표를 달성한 것이다.

처음부터 끝까지 페이지를 두 번이나 넘겨봤지만, 글을 읽지 않았기 때문에 한 문장도 제대로 기억나지 않는다. 하지만 머릿속에는 글의 구성과 키워드, 필요한 정보의 위치가 입력됐다. 이제 집중력을 발휘하지 않아도 필요한 내용을 받아들일 준비가 됐다.

　세 번째 스키밍 단계만 남았다. 필요한 정보를 내 것으로 만드는 단계다. 처음부터 집중해서 읽는다고 모두 이해하는 것은 아니다. 필요한 정보가 있어도 배경지식, 정보를 받아들일 준비가 얼마나 됐는지에 따라서 읽기의 가치는 달라진다. 필요한 부분을 읽는 시간도 10~20분 정도로 제한한다. 마감 시간을 정해두지 않으면 무한정 읽게 된다. 프리뷰와 포토리딩 단계에서 찾아놓은 페이지를 중심으로 목적에 부합하는 내용을 꼼꼼히 읽는다.

　이렇게 세 단계를 거치면 읽는 시간은 30분 정도로 줄이면서 필요한 내용은 모두 얻을 수 있다. 모든 책을 처음부터 끝까지 읽어서 정보를 얻는 시대는 지났다. 정보를 얻기 위해서 책 외에도 읽어야 하는 콘텐츠가 많다. 인터넷에서 자료를 수집하거나 보고서, 자료를 읽을 때도 핵심만 골라 읽는 방법은 통한다. 모든 가치는 기능에 비례하고 비용[노력, 시간 등]에 반비례한다. 100퍼센트의 기능을 얻기 위해서 100의 비용을 지불했다면 가치는 1이다. 핵심만 골라서 읽는 방법을 이용해서 시간과 노력을 적게 들이면 50, 20, 10의 비용만 지불하고도 100퍼센트의 가치를 얻을 수 있다.

　이것이 '최적화'다. '처음부터 끝까지 읽어야 제대로 이해할 수 있다'라는 생각을 버리고 핵심만 골라 읽는 스키밍의 3단계를 거치면 필요한 내용만 기술적으로 뽑아내서 머리에 담을 수 있다.

목표가 명확해야 핵심이 보인다

읽기에는 시간과 노력이 들어간다. 제한된 시간에 더 많은 정보를 읽기 위해서 속독을 배운다. 속독은 읽기 속도를 단축하는 데 그 목적이 있다. 빨리 읽어내는 것과 내용을 이해하고 정보를 머릿속에 넣는 것은 다른 차원의 문제다. 읽는 방법, 기억하는 방법은 여러 가지다. 모든 사람에게 공통으로 적용되는 일반적인 방법은 없다. 책을 읽는 사람 숫자만큼 다양한 독서법이 있다는 말처럼 여러 가지 방법 가운데 자기에게 맞는 읽기 방법을 찾아야 한다.

읽는 방법은 사람마다 다르지만, 핵심을 찾는 읽기 방법은 다음 두 가지만 버리면 모든 사람에게 공통으로 적용된다. 첫째, 모든 문장이 중요하다는 생각이다. 둘째, 첫 페이지부터 마지막 페이지까지 읽어야 한다는 고정관념이다.

핵심이 어디 있는지 파악하기 위해서 전체 내용을 훑어본다. 보는 것과 읽는 것의 중간 정도의 집중력으로 처음부터 끝까지 대충 읽는다. 수십 페이지의 보고서처럼 긴 글은 5~10분 정도, 300페이지 정도 책은 20~30분 정도면 전체 내용을 훑어볼 수 있다. 핵심이 어디에 있는지 파악하기 위한 읽기이므로 시간을 제한해서 5~10분 안에 전체 내용을 본다. 그러면 글의 구성과 내용에 관한 지도가 머리에 그려진다. 아직 내용을 확실하게 알 수 없지만, 어떤 내용이 어디에 있는지 대충 감을 잡는다.

이제 핵심과 핵심이 아닌 부분으로 나눈다. 핵심은 반드시 읽어야 하는 부분이고 핵심이 아닌 부분은 필요에 따라 읽거나 읽지 않아도 된다. 반드시 읽어야 하는 부분과 읽지 않아도 되는 부분을 가려낸다.

분류는 사고의 시작이다. 고대 그리스 아리스토텔레스의 논리학에서 시작된 이원론이 분류다. 세상의 모든 것은 A 또는 B로 분류된다. 따뜻한 물과 차가운 물, 키가 큰 사람과 키가 작은 사람, 온도나 길이를 기준으로 분류하는 것처럼 읽는 목적에 부합하는 내용과 그렇지 않은 부분을 가려낸다. 필요한 내용과 필요하지 않은 내용을 나누는 기준은 읽는 사람만 안다. 무엇을 읽어야 하는지 명확히 알고 있어서 필요한 내용을 가려낼 수 있다. 분류하는 기준이 확실하면 차례와 소제목만 보고도 어디가 핵심인지 대충 안다. 핵심으로 분류한 내용의 한두 단락만 읽으면 정말 필요한 부분인지 확실하게 알게 된다.

훑어보면서 필요한 내용에 표시한다. 종이 한 장에 키워드와 문장을 쓰고 페이지 번호와 단락의 시작과 끝에 표시하는 것도 좋다. 다시 읽을 부분은 책에 표시해둔다. 훑어보기가 익숙하지 않아서 읽어야 하는 부분을 혹시 놓쳤을까 걱정하는 사람이 있다. 처음 훑어볼 때 못 보고 지나친 내용 가운데 핵심이 있다면, 다시 읽을 때 틀림없이 눈에 띈다. 특정 정보를 얻겠다는 목표가 확실하면 신기하게도 그 정보가 있는 부분이 눈에 띈다. 훑어보면서 대충 읽어도 필요한 정보는 눈에 들어온다. 목표가 머릿속에 선명하게 들어 있으면 컬러 배스 효과, 칵테일 효과가 적용된다. 우리 눈과 뇌는 무의식중에도 목표를 달성하기 위해서 감각을 작동한다. 책, 문서에서 얻어야 하는 정보를 포스트잇에 적어놓고 시간 날때마다 훑어보는 것도 효과가 있다. 목표를 기록하면 목표에 담긴 메시지가 무의식에 저장된다. 무의식 어딘가에 목표가 자리 잡으면 뇌는 자연스럽게 활동을 시작한다. 이런 현상을 어퍼메이션^{Affirmation}이라고 한다. 어퍼메이션을 통해서 무의식은 목표를 달성하는 방향으로 작동한다. 사진을 찍는 것처럼 한 번 보고 전체 내용을 인식하는 포토리딩도 무의식을 이용한 읽기 방법이다.

핵심을 찾을 때는 글자와 문장에 집중하지 말고, 핵심을 찾아주는 무의식을 믿어야 한다. 글을 읽는다고 생각하지 말고 눈으로 훑어보면서 사진을 찍듯이 한 페이지를 3초 정도 응시한다. 300페이지 분량의 책 한 페이지를 3초 정도 훑어보면 15분이면 모든 페이지를 눈에 담을 수 있다. 읽으면서 찾아야 하는 정보를 포스트잇에 적어서 책상 앞에 붙인다. 무의식에 목표를 입력한 다음 한 페이지씩 보면, 눈이 아닌 뇌에서 의미를 해독하고 읽어야 하는 부분에서 키워드가 떠오른다.

목표가 확실하면, 대충 보기만 해도 필요한 부분을 골라낼 수 있다. 핵심은 정독했을 때 보이지 않는다. 목표가 분명할 때 보인다. 책을 훑어볼 때는 훑어보기에 집중한다. 중요한 내용이 나왔다고 훑어보기를 중단하고 메모하면 안 된다. 마지막까지 훑어보면서 읽을 부분을 구분한 후에 메모한다. 훑어보면서 메모한 후에 머리에 남는 것과 훑어보기만 하고 머리에 남는 것을 비교하면 내용이 머리에 더 많이 남은 쪽은 어디일까? 메모하지 않고 훑어보기만 했을 때 더 많이 머리에 남는다. 메모하는 이유는 오랫동안 기억하기 위해서다. 훑어볼 때는 대략 어디에 어떤 내용이 있는지만 흐릿하게 기억된다. 그 기억을 더듬어 필요한 내용을 다시 읽으면서 메모해도 늦지 않다.

훑어볼 때는 다시 읽을 부분을 간단히 표시만 하고 메모는 다시 읽을 때 한다는 것만 실천하면 된다. 그러면 짧은 시간에 많은 내용을 머리에 담고 핵심을 찾을 수 있다.

전체 내용을 이해하지 않아도 괜찮다

정보를 얻기 위한 읽기는 어린이, 학생, 직장인 모두에게 매력이 없다. 정보를 얻는 목적이라면 책보다 인터넷 검색, TV가 효과적이다. 많은 사람이 책이나 글로 이루어진 콘텐츠보다 영상과 인터넷에서 정보를 얻는다.

책처럼 긴 글로 이루어진 콘텐츠는 언제 필요할까? 긴 글을 읽어야 할 때는 두 가지 경우다. 첫째, 깊게 생각하며 읽어야 정보를 얻을 수 있을 때다. 둘째, 제대로 읽는 능력, 즉 핵심 읽기 능력을 키워야 할 때다.

깊게 생각하며 읽어야 하는 글이 따로 있는 건 아니다. 어떤 주제를 알고 싶으면 인터넷에서 검색해서 개념을 이해하고 블로그, SNS 등에 다른 사람이 정리해놓은 글을 읽는다. 인터넷에서 검색한 결과를 하나씩 클릭하며 읽을 때는 다 이해하는 것 같지만 검색 결과 화면을 닫으면, 머릿속에 담은 정보도 대부분 사라진다. 단순하게 따라 하는 내용도 인터넷에서 보면 기억에 남지 않는다. 깊이 읽지 않고 표면적으로 읽기 때문이다. 맥락이 있는 글, 즉 기승전결 형식을 갖추고 '왜'와 '어떻게'에 대해서 알려주는 글은 깊게 생각하며 읽어야 핵심을 알 수 있다. 깊이 읽으면 더 오래 기억에 남는다. 궁금할 때 당장 찾아보기는 검색이 가장 좋다. 하지만 내용을 이해해서 공부와 일에 적용해야 한다면 자세히 설명한 책 또는 긴 글을 읽어야 한다. 업무에 필요한 지식, 생활 상식, 목적을 가진 읽기 모두 마찬가지다.

긴 글이나 책으로 읽으면 내용은 더 오랫동안 기억된다. 읽기 능력을 키우려면 긴 글을 읽어야 한다. 글의 길이가 짧을수록 이해하기 쉽지 않냐고 반문하는 사람도 있다. 짧은 글은 한번 슬쩍 보고 다 아는 것처럼 느껴서 더 읽지 않는다. 다 아는 것처럼 느끼는 것이지 실제로 아는 건 아니다. 긴 글은 우선 전체를 봐야 하므로 처음부터 끝까지 훑어보며 글의 구조와 순서를 파악한다. 그런 다음 필요한 부분을 다시 읽는다. 깊이 읽기는 글의 구조와 순서를 파악하는 데서 시작한다. 필요한 내용이 아니라고 생각되면 훑어보기 단계에서 끝낸다. 필요한 내용이 있으면, 필요한 부분만 골라서 읽는다. 중요한 내용이라고 판단하면 집중력과 배경지식은 자동으로 풀가동한다. 배경지식이 가동하면 원래 문장을 그대로 읽지 않고 자기 언어로 재구성한다. 이렇게 읽으면 글쓴이의 의도나 필요한 내용을 상당 부분 이해한다.

글의 구조와 내용이 전개되는 순서를 파악했다. 필요한 내용이 있는지 확인했으면 다른 내용을 더 읽을지, 깊이 읽을지, 그만 읽을지 결정한다. 깊이 읽으려면 집중력과 함께 적극적으로 읽는 자세가 필요하다. 이미 알고 있는 내용은 스쳐 지나가듯 읽고 어려운 내용이나 모르는 부분에서 읽는 속도를 늦춘다. 천천히 그리고 깊이 읽는 부분을 선별하는 기준이 필요하다. 스터전의 법칙, 80대 20법칙이 말해주는 것처럼 정말 유용한 정보는 10~20퍼센트에 불과하다. 책, 긴 글, 보고서 등 모든 글에 스터전의 법칙이 적용된다. 적극적인 자세로 유용한 정보를 찾아서 집중해서 읽는다.

컴퓨터, 스마트폰 화면으로 긴 글을 읽는다면 종이에 메모하거나 중요한 내용이 있는 단락은 인쇄해서 볼 것을 권한다. 화면으로 읽으면 가독성이 떨어져서 깊이 읽기가 어렵기 때문이다. 전자책 뷰어에서 제공하는 밑줄 긋기, 메모를 남기는 기능을 이용해도 좋다. 하지만 종이에 적으면서 읽으면 내용을 더 깊이 이해하며 읽을 수 있다.

온라인 뉴스 사이트 '살롱닷컴Salon.com'의 창립자이자 편집자 로라 밀러는 글을 읽다가 유용한 내용을 발견하면 일단 저장하거나 인쇄한다. 저장한 자료와 인쇄한 종이는 시간이 날 때 분류한다. 나중에 관련된 기사를 쓸 때, 저장한 내용과 인쇄해둔 자료를 다시 읽는다. 다산 정약용이 책을 읽다가 필요한 내용을 종이에 쓴 다음 시간이 지난 후에 종이에 쓴 글을 분류한 것과 같은 방법이다.

　내가 실천하는 깊이 읽기 방법은 메모다. 화면으로 읽을 때는 메모가 필수다. 책을 읽을 때는 다이어리에 필요한 내용을 적어둔다. 프린터로 인쇄해서 읽을 때는 여백에 메모와 낙서를 자유롭게 할 수 있다. 메모를 다시 읽으면서 기억할 내용만 선별해서 다이어리에 옮겨 적는다. 어디에 어떤 형태로 메모하든 상관없다. 메모를 한 곳에 정리하는 게 관건이다. 메모를 정리하는 동안 읽기가 완성된다. 배경지식을 가동해도 읽는 동안 정보와 연결되지 않는 것이 있다. 이런 것들이 메모하면서, 메모를 다시 보면서 배경지식과 연결될 기회를 한 번 더 갖는다.

　필리스 민델은 《여자의 대화법은 다르다》에서 깊이 읽기를 연습하는 방법을 소개했다. 비슷한 길이의 글을 2개 골라서 하나는 컴퓨터 화면으로 읽고 다른 하나는 인쇄해서 읽는다. 소요 시간을 비교한 다음, 글쓴이, 제목, 매체, 읽은 날짜, 페이지 수(분량)를 간략하게 적고 전체 주제, 소주제(필요한 내용), 코멘트를 각각 정리한다. 그런 다음 6개월 후에 다시 펴본다. 전체 내용과 소주제, 코멘트를 읽으면 당시에 어떤 내용을 읽었는지 기억이 난다. 화면으로 읽은 것과 종이에 인쇄해서 읽은 것 중 어떤 쪽이 더 많이 기억에 남았는지 살펴본다.

　기억하고 싶은 내용, 업무적으로 활용할 수 있는 정보는 어디든 메모를 한다. 중요한 내용, 기억해야 하는 단어, 논리 흐름 등 메모하는 내용은 사람마다 다르다. 읽는 동안 느낀 점, 자기 생각을 쓸 수도 있다. 이렇게 읽으면 깊이 읽을 수 있고 높은 수준의 읽기가 가능하다.

8

읽어서 배운 지식을 실천하기

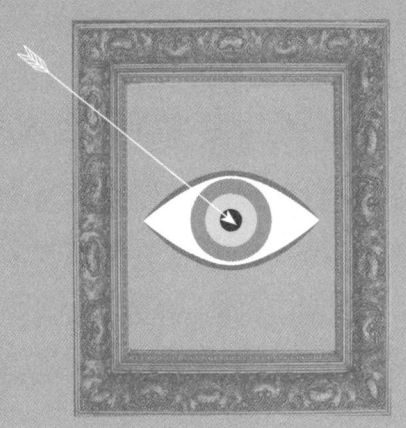

지식의 기능과 독서의 함정

책을 많이 읽으면 좋다. 정보와 지식을 얻고 생각이 깊고 넓어진다. 신문 기사와 보고서 등 정리·편집한 글, 과학, 역사, 인문 분야에서 사실적이고 객관적인 정보를 전달하는 글을 읽으면 언어 능력이 발달한다.

다양한 분야를 간접체험하면 인간관계에서 소통도 원활해진다. 책읽기에 단점은 없을까? 철학자 쇼펜하우어는 "독서는 자신의 머리가 아니라 다른 사람의 머리로 생각하는 일이다."라고 했다.

독서의 치명적인 단점을 일깨워주는 말이다. 아는 만큼 보인다는 말을 믿고, 읽고 배우는 데 치중하는 사람이 있다. 많이 아는 것보다 깨닫고 실천하는 것이 중요하다. 과거에는 많이 안다는 사실만으로 똑똑하고 능력 있다는 평가를 받았다. 지식이 많아서 똑똑한 것과 실천해서 성취하는 것은 전혀 다른 문제다. 정보가 어디에 있는지 모르는 사람이 많던 시절에는 정보를 가졌다는 사실만으로 '아는 것은 힘'이었다. 누구나 정보를 찾을 수 있는 지금은 단순히 아는 것만으로는 부족하다. 똑똑하다는 말을 들으려고 책을 읽는 시대도 아니다.

정보와 지식을 얻는 데서 멈추면 안 된다. 정보와 지식을 유용하게 활용해야 한다. 아는 게 힘이었던 시대는 지났다. 지금은 실천해야 힘이 된다. 물론 실천한다고 모두 좋은 결과를 얻는 것은 아니다. 실천은 지식을 쌓는 과정보다 훨씬 어렵고 힘들다.

일본의 경영 컨설턴트 간다 마사노리는 성공하는 방법을 소개하는 책을 여러 권 썼다. 《전뇌 사고》《누구에게나 세 번의 기회는 있다》 등 그가 쓴 책에서 공통으로 강조하는 내용이 있다.

"성공하는 방법이 분명한데도 실제로 행동으로 옮기는 사람은 1퍼센트밖에 되지 않는다."

지식이 많은 것과 실천하는 것은 다르다. 누구나 알고 있지만, 모두가 실천하지 않는 그것을 과감하게 실천한 사람만 좋은 결과를 만든다. 머릿속에 담아둔 지식은 실천하지 않으면 소용이 없다. 일본의 철학자 기시미 이치로는 《아무것도 하지 않으면 아무 일도 일어나지 않는다》에서 '실천'을 강조했다. 사진 촬영법을 설명한 책을 읽었다고 좋은 사진을 찍을 수는 없다. 사진 이론을 섭렵했다고 사진작가가 되는 건 아니다.

자전거 타기, 수영, 요리 모두 책으로 배울 수 없는 것들이다. 몸으로 익혀야 해서 그럴까? 그렇지 않다. 사진 촬영, 자전거, 수영, 요리에 관한 책을 읽고 정보·지식을 얻으면서 실천하면 더 빨리 좋은 성과를 거둘 수 있다.

'뷔리당의 당나귀'는 실천의 중요성을 알려주는 우화다. 14세기의 철학자 장 뷔리당의 이름을 딴 '뷔리당의 당나귀'는 지식이 있지만 실천하지 않는 사람들에게 교훈을 준다. 뷔리당의 당나귀 이야기에서 배가 고프고 목도 마른 당나귀는 건초더미와 물 사이에 서 있다. 건초더미와 물까지의 거리는 같다. 당나귀는 건초와 물 사이에서 무엇을 먼저 먹을지 결정하지 못한다. 둘 중 하나를 선택해서 실천하는 것이 이상적이지만 이야기 속 당나귀는 두 가지 선택을 재보다가 끝내 결정하지 못하고 굶어 죽는다. 뷔리당의 당나귀 이야기는 실천, 도전, 선택의 중요성을 설명할 때 자주 나온다. 이런 일이 우화에만 나오는 건 아니다. 실제로 우리 주변에서 자주 일어난다. 선택지에 대한 지식은 충분하다. 하지만 A를 선택하면 이게 좋고 저건 나쁘고, B를 선택하면 저건 좋은데 이게 나쁘다. 결국 선택하지 못하고 고민만 하다가 기회를 놓친다.

극단적으로 말하면 모든 사람은 두 종류로 나눌 수 있다. 아는 것을 실천하는 사람과 알고 있지만 실천하지 않는 사람, 두 사람 중에 성과를 내는 사람은 당연히 실천하는 사람이다.

박학다식하고 다재다능한 순자가 평생의 배움을 바쳐서 완성한 《순자》에 이런 글이 있다.

"학지어행지이지의 學至于行之而止矣"

배움을 몸소 실천하는 단계에서 최고의 경지에 오른다는 뜻이다. 책을 읽고 지식을 쌓는 목적은 실천해서 올바른 삶을 살기 위해서다. 지식을 쌓기만 하고 실천하지 않으면 다양한 분야에서 많은 지식을 쌓았다고 해도 지식의 노예일 뿐이다.

배움을 실천해야 최고의 경지에 오른다는 가르침을 설명하기 위해 초나라 장씨 성을 가진 선비의 이야기가 나온다. 초나라에 장씨 성을 가진 선비는 지식을 쌓아 이치에 맞는 말을 청산유수로 늘어놓는다. 선비가 수리水利에 관한 책을 꼼꼼히 읽고 연구한 뒤에 모든 땅을 비옥하게 만들 수 있다고 호언장담하며 마을의 수리시설을 정비했다. 얼마 뒤 비가 왔는데 그가 사방으로 뚫어놓은 물길 때문에 마을 전체가 물에 잠겼다. 순자는 마을이 물에 잠긴 이유를 이렇게 설명했다.

"듣는 것이 듣지 않는 것보다 낫고, 보는 것이 듣는 것보다 낫고, 아는 것이 보는 것보다 낫고, 실천하는 것이 아는 것보다 중요하다. 배움을 직접 실천할 때 완전한 이치를 깨달을 수 있기 때문이다."[1]

실천하지 않고 책상 위에서 나누는 쓸데없는 의논, '탁상공론卓上空論'이라는 말이 나온 유래도 초나라 장씨 성을 가진 선비와 비슷한 맥락이다. 중국 전국시대 조나라 조괄은 어려서부터 아버지에게 병법을 배웠다. 실제로 전장에 나간 경험은 없었다. 병법과 전략에 관한 지식이 많아 전장에서 필요한 병법 이야기를 하면 그를 따라올 사람이 없었다. 진나라와 전쟁 중이던 조나라 왕은 병법에 따라올 자가 없는 조괄을 대장으로 임명해서 전장에 내보냈다. 조괄의 부모는 아들이 전투에 나가길 원하지 않았다. 조나라 왕에게 '탁상공론'만 능할 뿐 한 번도 전장에서 싸워본 적 없다고 했다. 왕의 명령을 따라 전장에 나간 조괄은 전황을 살피지 않고 병법에만 의존해서 무모하게 진나라 군사를 공격하다가 유인에 넘어가 조나라 군사는 모두 전멸했다.

책을 읽는 이유가 지식을 얻기 위해서라면, 지식의 기능을 생각해야 한다. 지식이 인간의 삶에 영향을 주던 계몽주의 시대에는 '안다'는 사실이 자아 형성에 영향을 주었다. 하지만 지금의 지식과 정보는 안다는 사실만으로 우리 삶을 바꾸지 못한다. 지식을 머릿속에 넣으면 그것으로 충분했던 전통적인 의미의 지식은 이제 필요하지 않다. 정보는 계속 바뀌고 지식도 영원하지 않다. 실천하고 도전할 때 지식의 기능이 발휘된다.

현실 세계를 바꿔놓는 것은 책에 있는 지식이 아니라 행동과 실천이다. 프랜시스 베이컨은 "아는 것은 힘이다"라고 했다. 하지만 진정한 힘은 아는 것을 실행할 때 나온다. 아홉 개를 배우고 실천하지 않는 사람보다 하나만 배우고 그것을 실천하는 사람이 더 나은 결과를 만든다.

한 번만 읽고 완전히
이해하는 비법은 없다

배경지식이 많은 사람도 쉽게 쓴 글을 한 번만 읽고 완벽하게 이해하기는 어렵다. 대중 매체 기자는 중학교 수준의 학력을 가졌다면 충분히 이해할 수 있을 정도로 글을 쓴다. 개념을 간단하게 설명하고 근거와 사례를 덧붙여서 이해를 돕는 구성으로 쓴 글도 두 번 정도 읽어야 전체 내용과 핵심을 파악할 수 있다.

어떤 글이든 두세 번 반복해서 읽어야 내용을 제대로 이해한다. 공부할 때 교과서와 참고서를 반복해서 읽는 것처럼 반복해서 읽어야 핵심을 머리에 담을 수 있다.

한 번 읽어서 '알았다'라는 느낌이 들어도 다시 읽어보기 바란다. 이해했다는 느낌만 들뿐 실제로는 핵심을 찾지 못했을 수도 있다. 아는 것 같은데 실제로 알지 못하는 현상을 '파인만 효과'라고 한다. 노벨 물리학상을 받은 리처드 파인만은 코넬대학과 캘리포니아공과대학에서 학생을 가르쳤다. 그는 대학에서 어려운 이론을 쉽게 가르치는 것으로 유명했다. 하지만 파인만 교수의 강의를 수강한 학생들은 시험에서 좋은 성적을 받지 못했다. 그의 강의는 이해하기 쉬웠지만, 정작 학생들은 수업 내용을 이해하지 못했다.

'합격의 신'으로 불리는 야마구치 마유는 《7번 읽기 공부법》에서 이해하기 쉬운 책, 특히 그림이 많이 들어간 책을 경계하라고 했다. 쉽게 쓴 책에서 파인만 효과가 일어나기 쉽다. 사람들은 짧고 쉽게 쓴 글, 이해하기 쉬운 말로 풀어 쓴 글, 사진과 이미지가 많은 글을 좋아한다. 이런 글을 읽으면 전부 이해한 듯한 기분이 든다. 내용도 기억에 선명하게 남는 것 같다. 하지만 실제로 이해했다고 보기는 어렵다. 리처드 파인만 교수의 강의를 들은 학생처럼, 이해했다고 생각했는데 시험을 보거나 그 지식을 이용하려고 할 때 이해하지 못했다는 사실을 깨닫는다.

다른 사람에게 설명하는 것도 제대로 이해했는지 알아보는 방법이다. 모든 글에는 글쓴이의 의도가 담겨있다. 처음 읽을 때는 글쓴이의 의도에 따라갈 수밖에 없다. 비판하며 읽기, 질문하며 읽기 등의 방법을 써도 소용없다. 대충이라도 내용을 이해해야 비판과 질문을 할 수 있다. 두 번째 읽을 때부터 생각을 한다. 글에 자기 생각을 대입해서 읽는다. 질문이 생기고 글쓴이의 생각과 자기 생각을 비교하게 된다. 처음 읽을 때 핵심을 제대로 파악하지 못했다는 사실도 알아차린다.

　정보를 얻기 위한 읽기, 글쓴이의 의도를 파악하기 위한 읽기, 논문 또는 시 읽기, 모두 마찬가지다. 첫 번째 읽기에서 표면에 드러난 의미를 이해하기도 바쁘다. 두 번째 읽기부터 글쓴이의 의도, 행간에 숨은 의미를 조금씩 이해한다. 문장을 눈으로 또는 소리 내서 읽는 기능적 읽기는 핵심을 제대로 이해하는 읽기가 아니다. 한 줄씩 꼼꼼히 읽는 것보다 두세 번 반복해서 읽는 게 의미를 이해하는 데 효과가 있다.

　책을 읽기 전에 표지, 지은이 소개, 차례, 머리말 등을 읽으라는 것도 핵심을 읽기 위한 준비를 하라는 의미다. 차례와 머리말에서 책의 구성과 글쓴이의 의도를 파악한다. 그러면 내용을 받아들일 준비가 된다. 한 번만 읽고 의미를 파악하려고 처음부터 꼼꼼히 읽을 필요는 없다. 별로 중요하지 않은 문장까지 자세하게 읽지 않아도 된다. 읽을 분량이 많으면 꼼꼼하게 읽으려다가 눈이 먼저 지친다.

　핵심을 파악하고 중요한 내용을 기억하려면 이해하며 읽어야 한다. 이해하지 않으면 기억에 남지 않는다. 글을 읽고 이해하는 방법으로 반복이 가장 효과적이다. 반복해서 읽으면 어느 정도는 이해가 된다. 반복해서 읽는다고 전부 이해하는 건 아니다. 만약, 반복해서 읽어서 모든 글을 이해한다면 이 세상은 석학들로 넘쳐날 것이다. 계속 반복해서 읽어도 이해가 안 되는 내용이 있다.

　핵심을 제대로 이해하기 위해서 무한정 반복해서 읽을 수는 없다. 그렇다면 몇 번 반복해서 읽어야 이해하는 데 도움이 될까? 《7번 읽기 공부 실천법》에 반복해서 읽기의 단계별 의미가 나온다. 학습을 위한 읽기 방법으로 7번 읽기는 분명히 효과가 있다. 이해도를 기준으로 첫 번째부터 세 번째, 네 번째와 다섯 번째, 여섯 번째와 일곱 번째를 묶어서 세 단계로 효과가 나타난다. 첫 번째부터 세 번째 읽기에서 전체 느낌을 파악한다. 네 번째와 다섯 번째 읽기에서 의미를 이해한다. 이 단계에서 이해도가 80퍼센트까지 증가한다. 여섯 번째와 일곱 번째 읽기에서 자세한 부분, 즉 어려운 문제를 풀 수 있는 수준까지 이해한다.

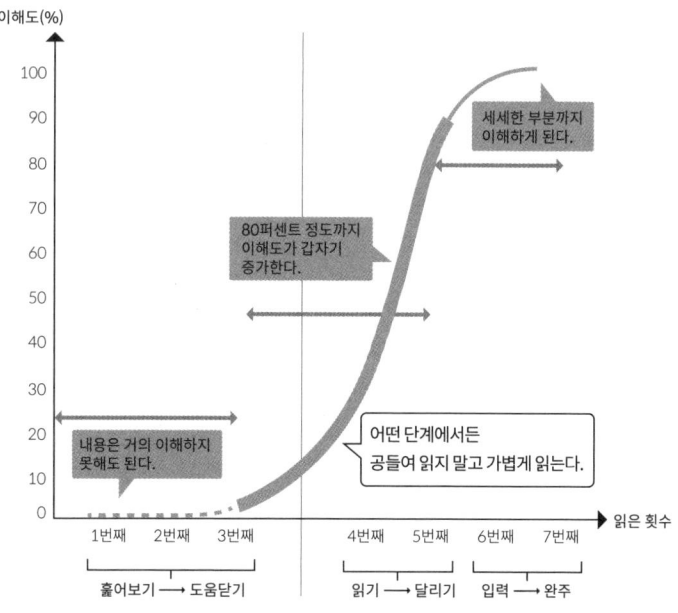

7번 읽기 이해도 곡선

야마구치 마유 지음, 이아랑 옮김, 《7번 읽기 공부 실천법》, (한국경제신문, 2015), 71쪽

제8장 읽어서 배운 지식을 실천하기　261

읽기 단계별 이해도를 다음과 같이 일반화할 수 있다.

이해도를 점검하는 읽기 단계

단계	내용	7번 읽기 공부 단계 비교
1	가볍게 훑어보며 끝까지 읽는다.	1~3단계에서 내용을 거의 이해하지 못해도 읽는다.
2	단원과 단락을 요약해서 핵심을 파악한다.	4~5단계에서 의미를 이해하며 읽는다.
3	개념을 완벽하게 이해한다. 이해하지 못한 부분은 다시 읽는다.	6~7단계에서 중요한 내용, 어려운 문제를 풀 수 있는 수준까지 이해하며 읽는다.

처음 읽을 때는 내용을 이해하지 못해도 끝까지 읽는다. 가볍게 훑어보듯 읽으면서 전체 내용을 파악한다. 어떤 내용이 어디에 나오는지, 글쓴이의 의도는 무엇인지, 결론은 무엇인지 등을 살펴본다. 두 번째 읽을 때, 행간의 의미를 읽고 핵심을 파악한다. 일반적인 내용이라면 두 번 정도 읽으면 충분히 이해할 수 있다. 더 자세히 알아야 한다면, 세 번째 읽기에서 이해하지 못한 부분만 다시 읽고, 사전이나 인터넷에서 용어의 의미, 개념 등을 찾아보면 정확하게 이해할 수 있다.

핵심 읽기는 실천으로 완성된다

머릿속에서 생각으로만 읽어 넘기는 글과 실천하기 위해서 읽는 글은 다르다. 소설과 실용서 읽기를 말하는 게 아니다. 장르에 상관없이 내용을 몸으로 실천해야 할 때가 있다.

실내에서 식물을 키우는 인도어 가드닝^{Indoor Gardening}을 설명한 책을 시간을 보내려고 읽는 사람과 플라스틱 용기를 재활용해서 식물을 키우는 사람이 보는 관점은 다르다. 집중력도 다르다. 직접 실행하기 위해서 글을 읽으면 더 자세히 읽고 핵심도 더 잘 짚어낸다.

책, 인터넷 콘텐츠뿐만 아니라 전자제품 매뉴얼, 여행안내서 등 눈으로 보고 읽는 모든 것이 똑같다. 필요에 의해서 읽어야 눈에 더 잘 들어온다. 직접 실행하기 위해서 더 집중해서 읽고 머릿속으로 시뮬레이션한다. 목적에 따라서 읽는 자세가 달라진다. 지식을 습득하려고 읽는 것과 여러 사람 앞에서 발표하려고 읽는 것은 다르다. 글을 대하는 자세, 문제의식, 집중력, 몰입도 등 모든 면에서 차이가 난다. 단편 소설을 읽어도 다른 사람에게 설명하기 위해서 읽으면 줄거리가 눈에 더 잘 들어온다. 반면, 똑같은 소설을 재미 삼아 읽으면 책을 덮고 나서 아무것도 기억나지 않는다.

　기록은 실천의 시작이다. 읽고 나서 즉시 실행하면 좋지만 실제로 그러기 어려울 때가 많다. 그래서 나중에 실천하려고 기록한다. 읽고 나서 기록해야 더 오랫동안 기억한다. 기억하고 있어야 실천할 가능성도 크다. 둔필승총鈍筆勝聰은 "무딘 붓이 총명함을 이긴다"라는 의미다. 인터넷 콘텐츠처럼 조각난 정보는 메모하고, 메모를 분류해두면 체계적인 지식이 된다. 책에서 본 내용은 그 책을 찾아서 다시 읽으면 되지만 인터넷에서 읽었던 글, 출력한 참고자료에서 봤던 그래프는 시간이 지나면 기억에서 사라진다. 사소한 정보도 꾸준히 기록하면 귀중한 콘텐츠가 된다. 읽고 나서 기록한 사람과 그렇지 않은 사람은 시간이 지날수록 차이가 벌어진다. '읽기'라는 행동으로 바뀌는 것은 없다. 무언가를 얻으려면, 경쟁력을 갖추려면 읽고 나서 핵심을 기록해야 한다. 책, 뉴스 기사, 인터넷 콘텐츠, 광고 문구에서 핵심이라고 생각하는 문장을 기록해두면 엄청난 자산이 된다.

정민 교수는 《다산 선생 지식경영법》에서 정약용이 책을 읽고 좋은 글을 옮겨 적고 필요한 내용을 분류하는 방법을 설명했다. 정약용은 책을 읽다가 요긴한 대목을 만나면 곁에 쌓아둔 종이에 옮겨 적었다. 옮겨 적은 종이를 상자에 넣는다. 시간이 지나서 상자에 쌓인 종이를 꺼내서 하나씩 읽는다. 옮겨 적으면서 떠오른 생각도 함께 적어두어서 분류는 어렵지 않다. 이렇게 기록한 덕분에 정약용은 500여 권의 책을 썼고 유배지에서 두 자녀에게 100여 통의 편지도 보냈다. 자녀에게 쓴 편지에는 책을 읽고 얻은 지식과 지혜가 고스란히 담겨 있다.

마음에 드는 문장을 옮겨 적는 동안 문장력과 사고력, 집중력이 향상된다. 핵심을 찾는 방법도 터득한다. 기록한 내용을 다시 읽으면 실천 의지도 굳어진다. 이런 기록이 모여서 한 권의 책이 되고 위대한 콘텐츠가 된다.

방법을 몰라서 실천하지 못하는 것보다 알면서도 실천하지 않는 것이 훨씬 더 많다. 독서 기록하기, 오늘 할 일을 종이에 쓰기, 일기 쓰기 등 메모 습관을 들이라는 말은 귀에 못이 박일 정도로 들었다. 실천하기도 어렵지 않지만 실제로 실천하는 사람은 그리 많지 않다.

다산 정약용이 책을 읽고 좋은 문장을 적어두던 시절에는 벼루에 먹을 갈아서 글을 썼다. 지금은 그때보다 훨씬 쉽게 옮겨 적을 수 있다. 그런데도 메모하거나 옮겨 적지 않는다. 다이어트 방법을 몰라서 못하는 게 아니다. 자기계발, 동기부여 책을 읽고 아무것도 변하지 않는 이유는 머리로만 알려고 하고 실천하지 않기 때문이다.

읽고 쓴다고 뭐가 달라지냐고 질문하는 사람이 있다. 실용적인 읽기를 통해서 배우고 스스로 바꾸기를 원한다면 핵심 문장을 필사하는 습관을 들여야 한다. 문장을 열 개 적으면 적어도 한두 개는 실천까지 이어진다. 잠깐 실천하다가 그만둔다고 하더라도 계속 읽고 좋은 문장을 쓰면 실천하는 횟수가 늘어난다. 꾸준히 읽고 기록하면 삶에 적용하는 횟수도 늘어난다. 이런 변화가 모여서 성장한다. 같은 책을 읽어도 어떤 사람은 아무런 변화가 없는 반면, 어떤 사람은 꿈꾸었던 목표를 실현하는 방법을 찾는다.

읽은 대로, 전문가가 시키는 대로 일단 해보면 성공하거나 부족한 부분을 알게 된다. 적어도 그대로 머물러 있지는 않는다. 읽고 실천하면 전진 이론Theory of Precession과 통로 원리Corridor Principle가 적용된다. 전진 이론은 미래학자 버크민스터 풀러가 주장한 이론으로 나아가야 할 방향에 대해서 대략적인 지식을 갖고 있어야 목표를 향해 전진한다는 것이 핵심이다. 물론, 읽고 실천한다고 바로 목표가 이루어지지는 않는다. 예상하지 못한 장애물, 난관을 만난다. 어려움을 극복하려고 노력하면 또 다른 기회의 문이 열리고 계속 전진할 수 있다.

글을 읽고 머리로만 답을 찾으려 한다면 전진할 수 없다. 미국 밥슨대학의 로버트 론스타트 박사는 직접 해보면서 기회를 발견하고 능력을 키울 수 있다는 통로 원리를 주장했다. 통로 밖에서는 통로 안이 보이지 않는다. 일단 통로에 들어가면 통로 속이 잘 보인다고 해서 통로원리라고 부른다.

꿈을 목표로 만드는 데도 지식이 필요하고, 목표를 향에 전진하는 데도 지식이 필요하다. 지식을 얻는 원천적인 방법은 '핵심 읽기'다. 읽고 이해하고 쓰고 실천하면 계획보다 빨리, 더 나은 결론에 이를 수 있다.

맺음말

나는 참고할 책이나 자료를 일단 처음부터 끝까지 훑어본다. 읽기와 보기의 중간 정도로 마지막 페이지까지 훑어본다. 특정 내용을 참고하려고 읽는 책은 페이지를 넘기는 동안 필요한 내용이 눈에 띈다. 그러면 두 번째 읽을 때, 필요한 내용, 내가 원하는 핵심이 있는 페이지 앞뒤로 집중해서 읽는다. 이렇게 읽으면서 나에게 필요한 내용이 눈에 띄면 또 집중해서 읽는다. 필요한 내용이 계속 나오면 그 책은 처음부터 끝까지 다 읽는다. 필요한 내용이 더 눈에 띄지 않으면, 다른 책을 같은 방법으로 훑어보고 필요한 내용이 나오면 집중해서 읽는다.

활자로 된 정보는 모두 이런 방식으로 일단 끝까지 훑어본 다음 필요한 부분을 읽는다. 동영상 콘텐츠도 같은 방법으로 본다. 러닝 타임이 긴 동영상은 2배속 또는 3~5분씩 건너뛰면서 끝까지 본다. 그런 다음 필요한 내용이 나온 부분 앞뒤로 집중해서 다시 본다.

원고를 쓰고 강의를 하면서 다양한 분야의 책과 문서 자료, 동영상을 보고 읽는다. 책을 출간하기 위해서 원고를 쓰면서 참고한 자료를 정리하면 100권이 넘을 때도 있다. 강의를 준비하면서 참고하는 책과 자료는 출간을 위한 원고를 쓸 때만큼 많다.

원고를 쓰면서, 강의를 준비하면서 참고하는 책과 자료를 한 글자도 빠트리지 않고 읽지는 않는다. 그 많은 책과 자료를 다 읽는 건 불가능하다. 인류학자 우메사오 다다오는 책 내용과 글쓴이의 생각을 정확히 이해하려면 처음부터 끝까지 읽어야 한다고 했다. 하지만 그도 모든 책을 처음부터 끝까지 읽은 건 아니다. 그는 전부 읽은 책과 일부분만 읽은 책을 '읽은 책'과 '본 책'으로 구분했다. 일부분만 읽은 책에 관해서는 평가하지도 않았다.

이 책에서 필요한 내용, 즉 핵심을 골라내는 방법을 몇 가지 소개했다. 특정한 방법을 일률적으로 모든 사람에게 적용할 수는 없다. 하지만 두 가지 고정관념만 버리면, 누구나 핵심을 읽을 수 있다. 모든 문장이 중요하다는 생각과 처음부터 끝까지 읽어야 한다는 생각을 버리면 된다. 읽을 부분을 골라내는 것만큼 읽지 않을 부분을 가려내는 것도 중요하다. 책, 문서, 동영상, 무엇을 읽고 보든지 핵심을 골라내는 방법을 적용해서 효율적인 읽기, 효과적인 읽기를 실천하기 바란다.

정경수

참고문헌

1장

1 김대행 지음, 《방송의 언어문화와 미디어 교육》, (서울대학교출판부, 2004), 31쪽

2 김대행 지음, 《방송의 언어문화와 미디어 교육》, (서울대학교출판부, 2004), 34쪽

3 장은수, [책과 미래 : 문제는 문해력이다], 〈매일경제, 2017.12.01〉

4 이재현 지음, 《디지털 시대의 읽기 쓰기》, (커뮤니케이션북스, 2013)

5 도야마 시게히코 지음, 문지영 옮김, 《나는 왜 책 읽기가 힘들까?》, (다온북, 2016), 106~107쪽

6 구자윤 기자, ["같은 기사라도 로봇기사, 인간기사보다 평가 좋아"], 〈파이낸셜뉴스, 2015.9.8〉

7 Rebecca L. Oxford 지음, 박경자 옮김, 《영어 학습 전략》, (교보문고, 2003), 87~88쪽

8 권용선 지음, 《발터 벤야민의 공부법》, (역사비평사, 2014), 134~135쪽

9 강병재 지음, 《읽기 과학》, (서감도, 2017), 197쪽

10 도야마 시게히코 지음, 문지영 옮김, 《나는 왜 책 읽기가 힘들까?》, (다온북스, 2016), 106~107쪽

11 Joan Freeman+이경화 지음, 《우리 아이 영재로 기르기》, (학지사, 2007), 226쪽

12 고미야 가즈요시 지음, 정윤아 옮김, 《회사에서 꼭 필요한 최소한의 독서법》, (비전코리아, 2015), 23쪽

2장

1 스즈키 신이치 지음, 양필성 옮김, 《쓰는 힘은 읽는 힘》, (위즈덤하우스, 2015), 64쪽

2 사라토리 하루히코 지음, 김해용 옮김, 《지성만이 무기다》, (비즈니스북스, 2017), 31~32쪽

3 Judith C. Roberts·Keith A. Roberts, [Deep reading, cost/benefit, and the construction of meaning], (Teaching Sociology Vol. 36, No. 2, 2008)

4 고은미 외 지음, 《멀티미디어 시대의 전략적 글 읽기》, (글누림, 2006), 55쪽

3장

1 최익용 지음, 《이심전심 리더십》, (스마트비즈니스, 2006), 103~104쪽

2 윤성화 지음, 《1만 페이지 독서력》, (한스미디어, 2011), 79쪽

3 톰 니콜스 지음, 정혜윤 옮김, 《전문가와 강적들》, (오르마, 2017), 126, 216쪽

4 히토야마 레히토 지음, 이자영 옮김, 《하버드 비즈니스 독서법》, (가나출판사, 2018), 24~25쪽

5 김혜경 지음, 《공학적 글쓰기》, (생각의날개, 2010), 86쪽

6 윤미화 지음, 《깐깐한 독서본능》, (21세기북스, 2009), 20쪽

4장

1 이시한 전주대학교 객원교수, ['의사소통능력' 리딩스킬·핵심읽기로 준비하라], 〈머니투데이, 2015.11.2〉

2 류갑희, [류갑희의 내 인생의 책] ③경청 - 조신영·박현찬, 〈경향신문, 2018.7.17〉

3 니콜라스 카 지음, 최지향 옮김, 《생각하지 않는 사람들》, (청림출판, 2011), 201쪽

4 니콜라스 카 지음, 최지향 옮김, 《생각하지 않는 사람들》, (청림출판, 2011), 205쪽

5 퍼트리샤 마이어 스팩스 지음, 이영미 옮김, 《리리딩》, (오브제, 2013), 89쪽

5장

1 마이클 르고 지음, 임옥희 옮김, 《싱크》, (리더스북, 2006), 70, 169쪽

2 이케다 요시히로 지음, 윤경희 옮김, 《뇌에 맡기는 공부법》, (샘앤파커스, 2018), 165쪽

3 Alison Flood, [Readers absorb less on Kindles than on paper, study finds], 〈The Guardian, 2014.8.19〉

4 유정식 지음, 《문제해결사》, (지형, 2011), 161쪽

5 최진봉, ["정보를 찾을 땐 인터넷, 하지만 신뢰도는?"], 〈프레시안, 2012.11.15〉

6 사라토리 하루히코 지음, 김해용 옮김, 《지성만이 무기다》, (비즈니스북스, 2017), 131쪽

7 사이토 에이지 지음, 박선영 옮김, 《최강 속독법》, (폴라북스, 2008), 120쪽

8 김영미 지음, 《초등 읽기능력이 평생성적을 좌우한다》, (글담출판사, 2008), 77쪽

9 스테파니 하비, 앤 구드비스 지음, 남택현 옮김, 《독서 몰입의 비밀》, (커뮤니티, 2008), 384쪽

6장

1 이동훈, 김원용 지음, 《프레임은 어떻게 사회를 움직이는가》, (삼성경제연구소, 2012), 34쪽

2 황비 기자, [모두가 '전쟁의 참혹함'이라 비난했던 이 사진 뒤에는 '숨겨진 진실'이 있었다], 〈인사이트, 2018.2.2〉

3 강희영 기자, [네이버 시대 끝나나 … 10명 중 6명 유튜브 검색], 〈CBC뉴스, 2019.3.15〉

7장

1 정경수 지음, 《사용자 정의 독서법》, (큰그림, 2016), 159쪽

2 인나미 아쓰시 지음, 장은주 옮김, 《1만권 독서법》, (위즈덤하우스, 2017), 24쪽

3 니시야마 아키히코 지음, 유인경 옮김, 《비즈니스맨의 10가지 성공 전략》, (위즈덤피플, 2006), 147쪽

4 사이토 에이지 지음, 김 욱 옮김, 《부자나라 임금님의 성공 독서전략》, (북포스, 2006), 83쪽

8장

1 류예 지음, 양성희 옮김, 《헬로우, 순자》, (미래사, 2008), 30쪽